Lieblingsplätze im Emsland

Lieblingsplätze im Emsland

CHRISTOPH BEYER

Autor und Verlag haben alle Informationen geprüft. Gleichwohl ändern sich Gegebenheiten, daher erfolgen alle Angaben ohne Gewähr. Möchten Sie ein Feedback geben, freuen sich Autor und Verlag: lieblingsplaetze@gmeiner-verlag.de

Aus Gründen der Lesbarkeit und Sprachästhetik wird in diesem Buch das generische Maskulinum verwendet. Mit der grammatischen Form sind ausdrücklich weibliche sowie alle anderen Geschlechtsidentitäten mit berücksichtigt, insofern dies durch die Aussage geboten ist.

Sofern nicht im Folgenden gelistet, stammen alle Bilder von Christoph Beyer: verve – Fotolia 16; MiWeFotos.de 18; Ute Müller 26; http://www.photodigitaal.nl/voorwaarden.html 34; Olga Kolesnikova 42; Waldbühne Ahmsen e. V. 64; Hasetal Touristik GmbH 68; Thorsten Weber 74; sarah besson – Fotolia 100; Helmut Kramer 114; Fotografie Bjoern Hickmann 118; Emsland Touristik GmbH 134; Malyshchyts Viktar – Fotolia 176; Frank Visschedijk 184

QR-Code einscannen und kostenloses E-Book anfordern.

Besuchen Sie uns im Internet:
www.gmeiner-verlag.de

1., überarbeitete Neuausgabe 2023

Im Ehnried 5, 88605 Meßkirch
Telefon 07575/2095-0
info@gmeiner-verlag.de

Lektorat/Redaktion: Anja Kästle
Herstellung: Julia Franze
Bildbearbeitung/Umschlaggestaltung: Susanne Lutz
unter Verwendung der Illustrationen von © SylwiaNowik, Bioraven, SimpleLine – stock.adobe.com; © Susanne Lutz
Druck: AZ Druck und Datentechnik GmbH, Kempten
Printed in Germany
ISBN 978-3-8392-0373-6

Der Tunxdorfer Waldsee
bei Papenburg an einem
Spätsommerabend

1

Hauptkanal mit Museumsschiff Friederike von Papenburg

Auf dem Schiff befindet sich auch eine **Touristinformation von Papenburg Marketing**
Hauptkanal rechts 68
D-26871 Papenburg
+49 (0)4961 83960
www.papenburg-marketing.de

EINE FLANIERMEILE MIT MARITIMEM FLAIR

Hauptkanal mit Museumsschiff *Friederike von Papenburg*

»Venedig des Nordens« wird Papenburg zuweilen genannt, und diese Bezeichnung hat durchaus ihre Berechtigung: Zahlreiche Kanäle prägen die Stadt an der Ems. Der sicherlich bekannteste, der Hauptkanal, lädt mit maritimen Flair zum Flanieren ein. Die lokale Schiffbautradition haben Besucher dabei direkt vor Augen.

Das schwimmende Wahrzeichen der Stadt, die Brigg *Friederike von Papenburg,* ankert unmittelbar vor dem Rathaus und beherbergt eine Nebenstelle der Touristinformation. Zusammen mit einer Tjalk, einer Spitzmutte, einer Kuff und zwei Schmacks bildet der zweimastige Segler ein einzigartiges Schifffahrtsfreilichtmuseum. Die eigenwillige Namensgebung dieser Schiffstypen beschreibt ihre jeweilige spezialisierte Nutzung. Im 18. und 19. Jahrhundert liefen sie in Papenburg in großer Stückzahl vom Stapel und wurden für die Segelfahrt auf den Kanälen, entlang der Küste und auf den Weiten der Ozeane eingesetzt. Bei den Museumsschiffen handelt es sich um Nachbauten, die in den 1980er-Jahren von der Lehrwerkstatt der *Meyer Werft* nach Originalplänen gefertigt wurden. Als einziger der Segler ist die Schmack *Gesine von Papenburg* noch fahrtüchtig und wird für Gruppenreisen und Tagesfahrten genutzt.

Ein Besuch der Segler lässt sich wunderbar mit einem Einkaufsbummel im Zentrum oder einer Auszeit in einem der gemütlichen Cafés verbinden, die den Hauptkanal zu beiden Seiten säumen. Ein malerisches Bild bieten auch die zahlreichen Klappbrücken, die an die benachbarten Niederlande erinnern und über die das andere Ufer schnell zu erreichen ist. Die wichtigsten Sehenswürdigkeiten Papenburgs lassen sich vom Hauptkanal aus bequem zu Fuß erkunden.

Gegenüber dem Rathaus bietet das 2014 eröffnete Arkadenhaus stilvolle Erlebnisgastronomie und Wohlfühlatmosphäre: www.arkadenhaus.de.

2

Stadtpark Papenburg
Am Stadtpark
D-26871 Papenburg

Tourist-Information Meyers Mühle
Hauptkanal Rechts 34
D-26871 Papenburg
+49 (0)4961 83960
www.papenburg-marketing.de

EIN AREAL ZUM AUFBLÜHEN

Stadtpark

Eine bunt leuchtende Farbenpracht breitet sich am Wegesrand aus. Die hübschen Frühlingsverkünder füllen die Beete und wecken nach grauen Wintermonaten die Vorfreude auf sonnige und milde Tage. Zartes Grün zeigt sich an Bäumen und Sträuchern, Vogelgesang erfüllt die Luft. Ich nehme auf einer Bank Platz und betrachte zwei Schwäne, die auf dem großen See ihre Runde drehen.

Ein Spaziergang durch den Papenburger Stadtpark bietet die ideale Möglichkeit, um Körper und Geist auf die neue Jahreszeit einzustimmen. Harmonisch fügen sich auf dem weitläufigen Gelände, in unmittelbarer Nähe zum Hauptkanal, unterschiedliche Gestaltungselemente zusammen: Seen mit geschwungenen Uferverläufen bestimmen die Szene, umgeben von großzügigen Rasenflächen, Bauminseln und gepflegten Beeten. Der Charme des Papenburger Stadtbildes findet sich in der Struktur des Areals wieder. Die Landesgartenschau 2014 führte zu zahlreichen gestalterischen Änderungen. Das Wegenetz wurde überarbeitet, zusätzliche Unterteilungen sowie veränderte Perspektiven durch Neupflanzungen realisiert. Offen und vielfältig zeigt sich der Park durch diese Weiterentwicklung heute. Ruhige Nischen und Sitzmöglichkeiten am Wasser sorgen für entspannte Auszeiten. Zum Klettern lädt hingegen der Mehrgenerationenspielplatz ein.

Beliebt ist der Stadtpark auch als Schauplatz für Großveranstaltungen. Neben Konzerten finden auf den Rasenflächen unter anderem Open-Air-Kino-Veranstaltungen oder Street-Food-Festivals statt. Einen Abstecher wert ist zudem die restaurierte *Meyers Mühle* einige Meter außerhalb des Geländes. Der sogenannte Galerieholländer wurde 1888 erbaut und ist nach wie vor voll funktionsfähig.

Sie möchten vom Wasser aus einen Teil der Stadt erkunden? Eine Hafenrundfahrt mit dem Anbieter Franz Bruns ermöglicht den etwas anderen Blick auf Papenburg: www.papenburger-hafenrundfahrten.de

8

Forum Alte Werft
Ölmühlenweg 9
D-26871 Papenburg
Kartenverkauf unter:
+49 (0)4961 82307
https://stadt.papenburg.de

Maritime Erlebniswelt
Ölmühlenweg 21
D-26871 Papenburg
+49 (0)4961 839647
www.maritime-erlebniswelt.de

VOM SCHIFFBAU ZUR LIVESHOW

Kulturzentrum *Forum Alte Werft*

Wenn Industrieunternehmen ihren Standort wechseln oder den Betrieb einstellen, bleiben die Firmengebäude oftmals lange Zeit ungenutzt zurück. Dass dieses Schicksal den ehemaligen Hallen der *Meyer Werft* erspart geblieben ist, kann als Paradebeispiel für eine gelungene Stadtentwicklung gewertet werden.

Nachdem die Werft ihren heutigen Sitz an der Rheiderlandstraße bezog, erwarb die Stadt Papenburg Anfang der 1990er-Jahre das alte Gelände am Ölmühlenweg und nahm umfangreiche Renovierungs- und Umbaumaßnahmen in Angriff. Das Ziel war klar definiert: Ein Kulturzentrum mit überregionaler Bedeutung sollte geschaffen werden. Die vorangegangene industrielle Nutzung der Bauten wurde nicht als störend bewertet, vielmehr sollte sie sogar architektonisch sichtbar bleiben. Durch diese Vorgehensweise erhielt das *Forum Alte Werft* seine unverwechselbare Atmosphäre. Sowohl im Gebäude als auch auf dem Außengelände finden sich heute verschiedene Maschinen, die einst für den Schiffbau verwendet wurden. Großflächige Fensterfronten, Backsteinwände und Stahlkonstruktionen prägen den offenen und klaren Charakter des *Forums*, das jede Menge Raum für kulturelle Aktivitäten bietet.

Fast 900 Plätze umfasst die Stadthalle und ist damit für besucherstarke Veranstaltungen bestens geeignet. Das *Theater auf der Werft* mit seiner steil ansteigenden Bestuhlung garantiert einen hervorragenden Blick auf die Bühne bei Schauspielproduktionen sowie Konzert- und Kleinkunstveranstaltungen. Mit der Kunstschule Zinnober und der städtischen Galerie beherbergt das *Forum* zudem zwei weitere bedeutende Einrichtungen Papenburgs. Das generationsübergreifende Angebot der Schule macht mit Kursen, Workshops und verschiedenen Kooperationen Kultur auf kreative Weise erfahrbar.

In der nahen *Maritimen Erlebniswelt* können Besucher auf interaktive Weise die Entstehung der Stadt sowie die Geschichte der Schifffahrt und des Schiffbaus nachvollziehen.

4

Den Ozeanriesen näherkommen im **Besucherzentrum Meyer Werft**
Industriegebiet Süd
D-26871 Papenburg
+49 (0)4961 83960 (Anmeldung)
www.besucherzentrum-meyerwerft.de
www.papenburg-marketing.de

BEI DEN GIGANTEN DER MEERE

Besucherzentrum Meyer Werft

Staunend blicke ich auf den stählernen Giganten, der in naher Zukunft über die Weltmeere schippern wird. 18 Stockwerke umfasst das Schiff, an dem im riesigen Baudock Hunderte Arbeiter Hand anlegen. Gewohnte Größenmaßstäbe geraten bei der Aussicht von einer der beiden Besuchergalerien der *Meyer Werft* ins Wanken.

Seit 1795 hat sich das Papenburger Traditionsunternehmen, das in sechster Generation von der Familie Meyer betrieben wird, dem Schiffbau verschrieben. Liefen in den ersten Jahrzehnten vor allem Holzkähne vom Stapel, die für den Torftransport in der ältesten und größten Fehnkolonie Deutschlands eingesetzt wurden, ist die *Meyer Werft* heute vor allem für den Bau von Kreuzfahrtschiffen bekannt. Reedereien auf der ganzen Welt geben in Papenburg neue Ozeanriesen in Auftrag. Rund 3.400 Mitarbeiter sorgen dafür, dass der komplexe Produktionsprozess in einer der modernsten Schiffbauanlagen weltweit reibungslos erfolgt. Wenn einer der Giganten nach der Fertigstellung schließlich ausdockt und über die Ems in Richtung Nordsee überführt wird, lockt dieses Spektakel zumeist Tausende von Zuschauern an.

Das Anfang der 1990er-Jahre eröffnete und 2015 umfassend modernisierte Besucherzentrum der Werft ermöglicht auf 3.500 Quadratmetern spannende Einblicke in den Schiffbau. Neben der spektakulären Aussicht von der Galerie beeindrucken 20 Schiffsmodelle, eine riesige Schiffsschraube und eine originalgetreue Musterkabine. Wer wissen möchte, in welchen Gewässern die auf der Werft gebauten Kreuzfahrtriesen aktuell schippern, dem hilft die große elektronische Seekarte weiter. Sie ermöglicht, die Ozeanriesen live auf den Weltmeeren zu lokalisieren. Multimediale Inszenierungen und Filme runden das umfassende Angebot ab.

Die Besichtigung der Werft ist ganzjährig möglich, allerdings ist eine vorherige Anmeldung bei der *Papenburg Marketing GmbH* erforderlich, die zudem viele weitere Informationen bereithält.

5

Naturgarten Naschke
Mittelkanal links 63
D-26871 Papenburg
+49 (0)4961 71031
www.naturgarten-naschke.de

Historisch-Ökologische Bildungsstätte
Spillmannsweg 30
D-26871 Papenburg
+49 (0)4961 97880
www.hoeb.de

EINE OASE FÜR ALLE GENERATIONEN

Naturgarten Naschke

Der Gartenbau weist in Papenburg eine lange Tradition auf, und Ernst Naschke setzt diese auf besondere Weise fort. Der 1929 in Guben geborene Gärtnermeister hatte bereits vor seiner Flucht aus der DDR Anfang der 1960er-Jahre einen eigenen Betrieb geführt, bevor er 1963 eine Gärtnerei in Papenburg eröffnete. In jener Zeit war er auch mit dem bekannten Staudenzüchter und Autor Karl Förster (1874–1970) in Kontakt gekommen, dessen Ansichten einer »Wildnisgartenkunst« sein Verständnis der Gartengestaltung maßgeblich prägen sollte. Als Naschke 1980 sein Unternehmen schloss, entstand auf einem Teil des Geländes ein 10.000 Quadratmeter großes, für die Öffentlichkeit zugängliches Gartenareal. Den Kräften der Natur wurden dabei viele Entfaltungsmöglichkeiten gegeben.

Auf schmalen Wegen begebe ich mich auf Entdeckungstour. Ich passiere eine bemerkenswerte Pflanzenvielfalt mit prächtigen Staudenbeeten und einem angelegten Wasserlauf, der mehrere kleine Feuchtbiotope und einen Teich verbindet. Zu dem alten Baumbestand zählt auch ein mächtiger Mammutbaum. Besonders farbintensiv präsentiert sich an diesem Sommertag die Wildblumenwiese, auf der die hier heimischen Bienenvölker reichlich Nahrung finden. Schrebergarten und Obstbaumwiese bescheren auch den Menschen eine reiche Ernte. Zum Abschluss meines Rundgangs ziehe ich mich in die Weinlaube am Teich zurück, lausche dem Vogelgezwitscher und lasse die Idylle auf mich wirken.

Ehrenamtliche pflegen mit viel Engagement dieses kleine Paradies. Unterstützt werden sie von der Papenburger *Historisch-Ökologischen Bildungsstätte*, von Berufsschulklassen und lokalen Naturschutzvereinen. Das Gelände ist somit nicht nur eine Oase für Jung und Alt, sondern verbindet die Generationen durch gemeinsame Erfahrungen.

Die *Historisch-Ökologische Bildungsstätte* bietet zusammen mit dem *Regionalen Umweltbildungszentrum* in Papenburg interessante Veranstaltungen auf dem Gartengelände an.

6

Alter Turm
Umländerwiek rechts 1
D-26871 Papenburg-Obenende
https://papenburg-marketing.de

DER ERHABENE

Alter Turm

Mit vollen Segeln durch schäumende Gischt und Wogen, entlang alter Handelsrouten und exotischer Eilande – Schiffe aus Papenburg brachten ihre Fracht über alle Meere. Rund 200 von ihnen segelten in der Mitte des 19. Jahrhunderts unter der Flagge der Fehnstadt. 23 lokale Werften produzierten zudem jährlich rund 60 Schmacken, Kuffen, Schooner und andere Schiffstypen. Dieser Tradition der Seefahrt verdankt die Stadt eines ihrer heutigen Wahrzeichen: den Alten Turm im Ortsteil Obenende.

Etwa 1.000 Papenburger waren damals auf See unterwegs, während weitere 1.000 im Schiffbau beschäftigt waren. In der Ostsee wurden unter anderem die Städte Danzig und Riga angelaufen. Von ihren Reisen brachten die Papenburger Seeleute häufig neue Ideen mit nach Hause. Eine besonders folgenreiche ergab sich im Hafen von Riga. 1848 trafen sich dort über 60 von ihnen. Sie mussten sich in Geduld üben, denn ungünstige Windverhältnisse standen einer schnellen Rückkehr im Wege. Beim gemeinsamen Umtrunk in einer Kneipe wurden die Männer auf den markanten achteckigen Leuchtturm der baltischen Hansestadt aufmerksam. Es entstand die Idee, den Glockenturm der heimischen St. Michaelskirche im Ortsteil Obenende nach seinem Vorbild zu gestalten.

Zurück in Papenburg zeigte sich die katholische Kirche zunächst nicht sonderlich erfreut über den Einfall, woraufhin deren Vertreter und die Kapitäne nach einem Kompromiss suchten. Dieser fand sich in Form des Zwiebeldachs des ehemaligen Franziskanerklosters in Aschendorf, das dem Turmnachbau ein klerikales Äußeres verleihen sollte. Bereits 1911 wurde die St. Michaelskirche abgerissen, der Turm jedoch blieb erhalten. Bis heute ist er das Wahrzeichen des Papenburger Ortsteils Obenende und hat den Leuchtturm in Riga schon lange überdauert.

Der Turm ist auch Gedenkstätte der Toten und Vermissten des Ersten und Zweiten Weltkriegs. Er kann im Rahmen von Führungen bestiegen werden und ermöglicht einen traumhaften Ausblick über die Stadt.

7

Café-Hotel Stövchen
Splitting links 32
D-26871 Papenburg-Obenende
+49 (0)160 90127616
www.stoevchen-papenburg.de

Historisch-Ökologische Bildungsstätte
Spillmannsweg 30
D-26871 Papenburg-Obenende
+49 (0)4961 97880
www.hoeb.de

OSTFRIESISCHER CHARME MIT SCHLAGSAHNE

Café-Hotel *Stövchen*

Dass die Nähe Papenburgs zu Ostfriesland nicht nur geografisch besteht, sondern sich auch im Alltag bemerkbar macht, zeigt sich im Stellenwert des Teetrinkens. Die berühmte ostfriesische Teekultur spielt auch für viele Bürger der Fehnstadt eine wichtige Rolle. Dazu gehört natürlich das oft mit Verzierungen veredelte Stövchen, welches das geliebte Getränk beständig warm hält. Diesem obligatorischen Zubehör huldigt ein besonderer Café- und Hotelbetrieb im Ortsteil Obenende. Direkt an einer historischen Brücke am Splittingkanal gelegen, verströmt das *Stövchen* friesischen Charme und gepflegtes Ambiente.

Die Einrichtung und die Gemälde an den Wänden künden von jenen vergangenen Tagen, als Papenburger Schiffe die Weltmeere befuhren und sich wohlhabende Seeleute zu Hause eine gemütliche und repräsentative Heimstatt schufen. Von dieser Zeit zeugt auch das um 1900 mit rotem Klinker errichtete Kapitänshaus selbst, das die Betreiber Annemarie Engeln und Wolfgang Habe mit viel Liebe zum Detail renoviert haben. Bequeme friesische Sofas, Binsenstühle, Tapeten mit aufwendigem Dekor und ausgesuchte Ausstellungsstücke schmücken die Räumlichkeiten. Der alte Kachelofen sorgt im Winter für wohlige Wärme. Entspannen bei Tee- und Kaffeespezialitäten und schmackhaften hausgemachten Torten fällt in dieser Atmosphäre nicht schwer. Letztere werden nach überlieferten Rezepten gänzlich ohne Zusatzstoffe gefertigt und schmecken allesamt köstlich. Auch optisch sind die kleinen Kunstwerke ein Genuss. Bekanntlich isst das Auge ja mit. Mir hat es vor allem die Ostfriesentorte angetan, doch kosten Sie selbst!

Bei schönem Wetter können Sie Kuchen und Tee im Biergarten genießen. Übernachtungsgäste finden in den geschmackvollen Zimmern darüber hinaus ein behagliches Domizil für die Nacht.

Einen Spaziergang lohnt das Gelände um die an einem kleinen See gelegene *Historisch-Ökologische Bildungsstätte* am Spillmannsweg und entlang des Floerkenweges.

8

Von-Velen-Anlage
Splitting rechts 56
D-26871 Papenburg-Obenende
+49 (0)4961 73742
www.von-velen-anlage.de

EIN FREILICHTMUSEUM IM FACKELSCHEIN

Von-Velen-Anlage

Nebelschwaden ziehen über den Boden. Trotz des Fackelscheins sind die umliegenden Gebäude nur schemenhaft zu erkennen. Der Spätherbst zeigt sein düsteres und kühles Gesicht. Genau die richtige Witterung für eine *Spökenkieker-Tour* durch die spärlich beleuchtete Von-Velen-Anlage. Das Freilichtmuseum in Papenburg-Obenende entfaltet zu dieser dunklen Jahreszeit eine besondere Aura. »Dönkes« und »Vertellsels« nennt der Spökenkieker, ein mit schwarzem Hut und langem Überwurf gewandeter »Geisterseher«, seine Geschichten. In denen spukt es ordentlich, und die Zuhörer lauschen gebannt.

In dieser mystischen Umgebung fällt es nicht schwer, sich vorzustellen, welch widrigen Bedingungen die ersten emsländischen Siedler ausgesetzt waren. Wer will ihnen verdenken, dass sie für unerklärliche Phänomene im Moor übernatürliche Kräfte verantwortlich machten. Dass Menschen hier siedelten, verdankt sich dem Drosten Dietrich von Velen, der Papenburg 1631 als Fehnkolonie nach holländischem Vorbild gründete. Die mithilfe von Werbebriefen herbeigerufenen Siedler errichteten Kanäle, die nicht nur der Entwässerung des Rieds dienten, sondern auch als Wasserstraße. Auf dem Hochmoor wurden zunächst einfache Behausungen aus Birkenstämmen, Reisig und Heideplaggen errichtet. Die Heime waren dürftig, die Arbeit des Torfstechens mühsam. Der Torf wurde per Schiff nach Ostfriesland, Bremen und Hamburg transportiert.

Das heutige Freilichtmuseum gewährt Einblicke in diesen beschwerlichen Alltag. Es war vor allem der Schiffbau, der den Papenburgern wachsenden Wohlstand bescheren sollte. Von der Blütezeit des Werftwesens zeugt das *Papenbörger Hus*. In dem um 1820 gebauten Ackerbürger- und Kapitänshaus können sich Besucher unter anderem mit Buchweizenpfannkuchen und ostfriesischem Tee stärken.

Das Museumsangebot ist zu jeder Jahreszeit vielfältig und erlebnisreich. Besonders reizvoll sind Bootsfahrten mit der Prahm *Leidi*, einer flachen Fähre, über die Kanäle im Stadtteil Obenende.

9

Nebeneingang des Herrenhauses auf **Gut Altenkamp**
Am Altenkamp 1
D-26871 Papenburg-Aschendorf
+49 (0)4962 6505
https://stadt.papenburg.de
www.gut-altenkamp-ev.de

Ein quicklebendiges Kulturdenkmal

Gut Altenkamp

Als einer der ältesten Orte Niedersachsens kann das zu Papenburg gehörende Aschendorf auf eine bewegte Geschichte zurückblicken. Der ländlich gelegene Ortsteil nahe der Ems strahlt nicht nur kleinstädtischen Charme aus, sondern besitzt mit dem *Gut Altenkamp* auch ein besonderes historisches Kleinod.

Mächtige Eichen säumen den Weg zum Eingangsportal und der zweiflügeligen Freitreppe des repräsentativen Herrenhauses. Zusammen mit einer barocken Gartenanlage, den Gräften und dem alten Baumbestand bietet das zwischen 1728 und 1732 errichtete Gebäude einen würdevollen Anblick. Über viele Jahrzehnte diente es dem Dorsten als Sitz, der für die Verwaltung des Emslandes zuständig war. 1981 erwarb die Stadt Papenburg das Baudenkmal, renovierte es originalgetreu und gestaltete es zu einem überregionalen Zentrum für Kunstausstellungen um. Die insgesamt 20 sorgsam restaurierten Räume ermöglichen durch ihre Aufteilung den Kuratoren eine vielseitige Präsentation der Werke. Häufig stammen diese aus den großen Museen der *Stiftung Preußischer Kulturbesitz* in Berlin, mit welcher der *Kulturkreis* der Stadt als Träger des Guts eng kooperiert. Mit viel Engagement sorgt zudem der 2005 gegründete *Freundeskreis Gut Altenkamp e. V.* dafür, dass Architektur, Kunst und Kultur hier in einen so lebendigen Austausch treten.

Neben wechselnden Ausstellungen wird die besondere Atmosphäre dieses Ortes für kulturelle Anlässe und gelegentliche Open-Air-Konzerte genutzt. Vor oder nach dem Kunstgenuss lädt die prächtige Grünanlage mit ihren über 200 Jahre alten Taxushecken zum Flanieren ein. Wer möchte, kann zudem in einem mit prächtigen Wandmalereien verzierten Raum standesamtlich den Bund der Ehe schließen.

Sehenswert ist auch das Kellergeschoss mit seinem Kreuzgratgewölbe und der Museumscafeteria. Im angrenzenden Stiefelknecht-Haus bietet die Papenburger Kunstschule Zinnober ein museumspädagogisches Programm an.

10

Tunxdorfer Waldsee
Parkplatz: Auf Höhe der Tunxdorfer Straße 4
D-26871 Papenburg-Tunxdorf

Tunxdorfer Berge
Tunxdorfer Straße 18
D-26871 Papenburg-Tunxdorf
+49 (0)4962 390
https://camping-tunxdorfer-berge.business.site

WOGENDE WIPFEL AM STILLEN WASSER

Tunxdorfer Waldsee

Ganz leicht kräuselt der Wind das Wasser, während die Abendsonne sich immer tiefer senkt und farbintensive Spiegelungen auf die Oberfläche zaubert. Ruhe herrscht ringsum, etwas weiter entfernt zieht ein Schwimmer seine Bahnen. Nur das Summen einer Mücke fordert kurzzeitig meine Aufmerksamkeit.

Der Tunxdorfer Waldsee zeigt sich an diesem Sommerabend von seiner schönsten Seite. Im an attraktiven Badeseen ohnehin reichen Emsland ist er ein besonders ruhiger und schöner Vertreter. Der vor allem aus Fichten und Birken bestehende Wald reicht zumeist bis ans Ufer, zugleich führen viele Zugänge direkt zum kühlen Nass. Ein schmaler Weg verläuft vollständig um den See herum. An seiner westlichen Seite erstreckt sich ein breiter, rund 200 Meter langer Strand mit hellem Sand, einigen Spielgeräten und Sitzgelegenheiten. Eine Besonderheit stellt dort ein lagunenartiger Abschnitt dar, der von einer schmalen, bewachsenen Halbinsel begrenzt wird. Nicht nur bei Kindern weckt diese Kulisse Abenteuerlust und Entdeckerfreude. Huckleberry Finn hätte sich hier ganz sicher wohlgefühlt.

Seine Entstehung verdankt der See ironischerweise dem Wasserschutz. Nach der großen Sturmflut 1962 wurde der Deich an der rund 1,5 Kilometer entfernten Ems erweitert und modernisiert. Den Sand dafür entnahm man den Tunxdorfer Bergen, wie dieses Gebiet aufgrund seines leicht hügeligen Geländes genannt wird. Das dadurch entstandene Binnengewässer wurde schnell zu einem Anziehungspunkt für Badegäste. Auf drängende Fülle am Strand werden Besucher aber nicht treffen, denn durch den Bau der A31 und die dadurch entstandenen Seen in der Region hat sich das Badeangebot jenseits der Freibäder deutlich erweitert. Dem stillen Charme des Waldsees hat diese Entwicklung ganz sicher nicht geschadet.

Der einige hundert Meter nördlich des Sees liegende Campingplatz *Tunxdorfer Berge* bietet naturnahe Übernachtungsmöglichkeiten.

11

Landwirtschaftsmuseum
Emsstraße 15
D-26899 Rhede/Ems
+49 (0)4964 1800
www.rhede-ems.de

Alte Rheder Kirche
Sudende 40
D-26899 Rhede/Ems

HARTE HANDARBEIT BESTAUNEN

Landwirtschaftsmuseum

Noch vor wenigen Jahrzehnten war die Landwirtschaft der mit Abstand bestimmende Wirtschaftszweig im Emsland. Während heute leistungsfähige Maschinen die wichtigsten Feldarbeiten verrichten und darüber hinaus bei vielen anderen Aufgaben zum Einsatz kommen, mussten die Bauern früher überwiegend mit Muskelkraft ans Werk gehen. Aufschlussreiche Einblicke in den ländlichen Arbeitsalltag von einst gewährt das Landwirtschaftsmuseum in Rhede.

Bereits von außen wirkt das große Gebäude beeindruckend. Doch erst im Inneren offenbart sich das tatsächliche Ausmaß des Baus. Mächtige Eichenpfeiler ragen in die Höhe und tragen das hölzerne Gebälk des wie eine überdimensionierte Scheune wirkenden Innenraums. Die insgesamt 1.100 Quadratmeter bieten ausreichend Platz für eine Vielzahl an Exponaten. Über viele Jahre hinweg hat der *Heimatverein Rhede* landwirtschaftliche Geräte gesammelt und sorgfältig restauriert. Sie verdeutlichen die Entwicklung des Emslands als Agrarland von 1850 bis 1950. Ackerbestellung, die Getreide- und Heuernte, Viehhaltung und Milchwirtschaft werden ausführlich dokumentiert. Wer möchte, darf selbst Hand anlegen und mit dem Dreschflegel das Korn schlagen oder eine Holzkuh melken. Die frisch erworbenen Kompetenzen werden auf Wunsch mit einem »Bauernpatent« beurkundet. Kinder können sich in der Kreativecke spielerisch mit dem Thema Landwirtschaft beschäftigen.

Richtig heimelig wird es in der Adventszeit, wenn der Weihnachtsmarkt im Museum seine Pforten öffnet. Einen Besuch lohnt zudem der traditionelle Pferde- und Viehmarkt in Rhede, der jährlich am dritten Septemberwochenende stattfindet. Geschäfte werden dort noch mit Handschlag besiegelt.

Die sehenswerte Alte Rheder Kirche dient als zentrale Gedächtniskirche für die Opfer der Weltkriege und der nationalsozialistischen Gewaltherrschaft. In ihr finden gelegentlich auch Konzerte statt.

12

Festung Bourtange
Willem Lodewijkstraat 33
NL-9545 Bourtange
+31 (0)599 354600
www.bourtange.nl

EIN FASZINIERENDES KASTELL

Festung Bourtange

Aus der Vogelperspektive vermittelt die Anlage den Eindruck, als wäre die Landschaft zu einem kolossalen Kunstwerk umgeformt worden: Wassergräben bilden kantige Muster um einen fünfzackigen Stern, dessen Mitte eine schmucke Siedlung bildet. Der Entstehungsgrund dieses faszinierenden Bauwerks ist jedoch weniger romantisch.

Die mitten im Moor auf einem Sandrücken erbaute Festung Bourtange wurde 1580 im Spanisch-Niederländischen Krieg (1568–1648) von Willem I. von Oranien (1533–1584) in Auftrag gegeben. Der Fürst hoffte, mit dem Bau die Versorgungsroute zwischen Heede und der Stadt Groningen blockieren zu können, die von spanischen Truppen besetzt worden war. In den folgenden Jahrhunderten wurde die Festung beständig ausgebaut, ohne je erobert werden zu können. Das Moor wurde bei der Konzeption der Verteidigungsanlage miteinbezogen. Erst in der Mitte des 19. Jahrhunderts verlor diese ihre militärische Bedeutung. In den 1960er-Jahren ergriff die Gemeinde Vlagtwedde die Initiative, um das Bauwerk zu rekonstruieren. Unter anderem wurden Wälle neu aufgeschüttet und Gräben gezogen, um die Festungsstadt wieder auf den Stand des Jahres 1742 zurückzuversetzen, als sie ihre größte Ausdehnung besaß.

Dass die Mühen sich gelohnt haben, werden Sie als Besucher schnell feststellen. Einer Zeitreise gleicht die Erkundung des komplexen Baus, dessen Zentrum der malerische Marktplatz der Siedlung bildet. Die dortigen kleinen Geschäfte und urgemütlichen Cafés, umgeben von historischen Mauern, sorgen für ein besonderes Wohlfühlambiente. Mehrere Museen ermöglichen zudem unterschiedliche Einblicke in den Lebens- und Arbeitsalltag der früheren Bewohner. Sehens- und erlebenswert sind auch die aufwendigen Großveranstaltungen, wie die alljährliche *Schlacht um Bourtange* sowie stimmungsvolle Märkte.

Falls Sie eine Zeit lang selbst Festungsbewohner sein möchten, ist dies kein Problem: Komfortable Übernachtungsmöglichkeiten sind vorhanden.

13

Heeder Linde
Parkplatz: Höhe der
Hauptstraße 40
D-26892 Heede/Ems

Gemeindeverwaltung Heede
Am Markt 6
D-26892 Heede/Ems
+49 (0)4963 8906
www.heede-ems.de

DER BEEINDRUCKENDE BAUMRIESE

1.000-jährige Linde

Knorrig und kerngesund präsentiert sich das Wahrzeichen der Gemeinde Heede seinen Besuchern. Im stolzen Alter von fast 1.000 Jahren ist dies keine Selbstverständlichkeit. Mit einem Stammumfang von 18 Metern gilt die Heeder Sommerlinde als dickster vollholziger Baum Deutschlands. Auch im europaweiten Vergleich zählt sie zu den umfangstärksten. Ihre offizielle Anerkennung als *Champion Tree* durch die *Deutsche Dendrologische Gesellschaft* (DDG) im Jahr 2014 wirkt da nur folgerichtig.

Das Naturdenkmal ist untrennbar mit der Geschichte der Gemeinde verbunden und ziert daher auch das Ortswappen. Einst bildete die Linde vermutlich den Mittelpunkt des Hofs der im 15. Jahrhundert erbauten Schärpenburg. Diese und der Ort Heede wurden im Verlauf des Spanisch-Niederländischen (1568–1648) und des Dreißigjährigen Krieges (1618–1648) immer wieder in Mitleidenschaft gezogen, unter anderem wegen der Nähe zur Festung Bourtange. Die Schärpenburg wurde schließlich 1673 im Holländischen Krieg (1672–1678) zerstört und nicht wieder aufgebaut. Die Linde ist somit das einzig erhaltene Relikt der alten Festungsanlage und ein lebendes noch dazu.

Die Heeder Bürger identifizieren sich mit ihrem Wahrzeichen und freuen sich über seinen guten Zustand. Alljährlich wird unter den mächtigen Ästen der Schützenkönig proklamiert. Radfahrer schätzen die beeindruckende Linde und ihr schönes Umfeld als Pausenstopp. Es lohnt in jedem Fall, diesen einmaligen Baumriesen näher zu erkunden. Unwillkürlich ertappt man sich bei der Überlegung, welche Szenen sich im Laufe der Jahrhunderte in seinem Schatten zugetragen haben mögen. Lohnenswert ist es aber auch, einfach nur still zu verweilen und beim Blätterrauschen den Anblick zu genießen.

Mit schönen Sandstränden und einer der größten Wasserskianlagen Europas wartet der nah gelegene Heeder See auf, den Sie über die Hermann-Abels-Straße und die Straße »Am See« erreichen.

14

Idylle Borchers
Im Eichengrund 2a
D-26903 Surwold
+49 (0)4965 899806
www.borchers-idylle.de

Mo's Idylle
Im Eichengrund 2a
D-26903 Surwold
+49 (0)4965 899807
www.mos-idylle.de

GARTENROMANTIK MIT GENUSS

Pflanzenwelt *Idylle Borchers*

Schafe halten sich für gewöhnlich nicht auf Hausdächern auf. Eine derartige Begegnung wartet jedoch auf jene, die dem Gartenareal *Idylle Borchers* bei Surwold einen Besuch abstatten – allerdings »grasen« hier lediglich pflegeleichte Skulpturen.

Der Begriff Idylle ist hier durchaus wörtlich zu nehmen, denn inmitten üppiger und gepflegter Pflanzenpracht lassen sich viele Besonderheiten entdecken. 2004 errichteten Eggo Borchers und seine Frau Monika neben ihrem Wohngebäude eine Scheune im Stil eines alten Bauernhauses. Das rund 10.000 Quadratmeter große Grundstück beherbergt eine Baumschule, einen Obst- und Sommergarten sowie einen Natur-Schwimmteich. Doch damit nicht genug, dazwischen tummelt sich eine Fülle von Kunstelementen, bei denen Konvention, Kreativität und schöpferischer Eigensinn aufs Trefflichste harmonieren. Entlang eines durchgehenden Hauptweges kann der Gast die abwechslungsreichen Pflanzenwelten durchstreifen. Dekorative Accessoires sowie fantasievolle Kreationen und Skulpturen sorgen dabei für ungewöhnliche Eindrücke. An vielen Stellen gibt es schöne Sitzgelegenheiten, um diese besondere Umgebung auf sich wirken zu lassen. Das anregende und zugleich entspannende Ambiente bereitet Lust, die an diesem Ort umgesetzten Ideen im eigenen Garten zu realisieren. Kinder dürfen auf dem Spielplatz nach Lust und Laune toben. Eine Boulebahn lädt auch Erwachsene ein, spielerische Ambitionen auszuleben.

Anfang 2019 wurde das bis dahin bestehende Gartencafé durch einen Restaurantbetrieb ersetzt. Unter dem Namen *Mo's Idylle* bietet Betreiber und Koch Mirco Vuzem seither eine Karte mit jeweils zehn bis zwölf saisonalen Gerichten an. Eine moderne, regionale Küche und hochwertige Zutaten zeichnen das Restaurant aus. Den Ausflug ins Gartenareal können Besucher genussvoll ausklingen lassen.

Für einen längeren Spaziergang eignet sich der Bockhorster Freizeitsee nordöstlich des Gartenareals.

15

Gedenkstätte Esterwegen
Hinterm Busch 1
D-26897 Esterwegen
+49 (0)5955 988950
www.gedenkstaette-esterwegen.de

MoorInfoPfad
Hinterm Busch 1
D-26897 Esterwegen
+49 (0)5955 902378
www.moorinfopfad.de

MAHNEN UND ERINNERN

Gedenkstätte

Der Raum ist dunkel, groß und fensterlos. Eine matt leuchtende Porträtwand reiht sich vor dem Betrachter auf. Insgesamt 240 Einzelfotografien mit biografischen Angaben sind zu sehen. Die Porträtaufnahmen zeigen Menschen, die in den Emslandlagern des NS-Staates unvorstellbares Leid ertragen mussten. Zwischen 1933 und 1945 unterhielt das Hitler-Regime im Emsland und in der Grafschaft Bentheim insgesamt 15 Gefangenenlager, die als Konzentrations-, Straf- und Kriegsgefangenenlager Teil seines Terrorsystems waren. Die Gefangenen mussten schwere Zwangsarbeit im Moor verrichten, ab 1942 zudem auch in der Rüstungsindustrie. Etwa 80.000 KZ-Häftlinge und Strafgefangene und mehr als 100.000 Kriegsgefangene litten in den Lagern. Weit über 20.000 Menschen starben. Ab 2009 wurde auf dem Gelände des ehemaligen Lagers Esterwegen eine Gedenkstätte eingerichtet. Seit ihrer Eröffnung im Oktober 2011 erinnert sie als zentraler und europäischer Gedenkort an die Opfer der 15 Lager und setzt ein Zeichen gegen Diktatur, Rassismus und Gewaltpolitik.

Im Besucherinformationszentrum befinden sich die Ausstellung sowie Seminarräume, eine Bibliothek und ein Archiv. Dafür werden zwei Hallen eines ehemaligen Bundeswehrdepots genutzt, die in den 1970er-Jahren errichtet und beim Umbau durch ein neues Foyer miteinander verbunden wurden. Die Hauptausstellung dokumentiert die Geschichte der Emslandlager und stellt die dortigen Ereignisse chronologisch in den Kontext der Geschehnisse im Dritten Reich. Im Mittelpunkt stehen das Leben und das Leiden der Gefangenen. Auf dem weitläufigen Außengelände sind die Spuren des früheren Lagers Esterwegen kenntlich gemacht worden. Mit Sonderausstellungen, Lesungen und Vorträgen arbeitet die Gedenkstätte Aspekte dieses dunkelsten Kapitels der deutschen und emsländischen Geschichte zusätzlich auf.

Ein Stahlsteg verbindet die Gedenkstätte mit dem als Rundweg angelegten *MoorInfoPfad* im angrenzenden Naturschutzgebiet, der mit seinen 17 Stationen über das Ried, dessen Nutzung und Geschichte informiert.

16

Kletterwald Surwold
Waldstraße
D-26903 Surwold
+49 (0)5951 884300
www.kletterwald-surwold.de

Schafstall im Wacholderhain
Nahe der Neubörgerstraße
1,5 Kilometer vor
D-26904 Börger

TARZAN MIT SICHERUNGSSEIL

Kletterwald

Sporty heißt der Parcours, auf dem ich mich kletternd durch den Wald bewege. Seinem Namen wird er bereits beim Start gerecht. Rasant rausche ich von einer Stahlplattform an einer langen Seilbahn durch die Lüfte. Für einen Moment lasse ich den Blick schweifen, während über mir der Wind in den Tannenwipfeln rauscht. Konzentration, Koordinationsvermögen und Geschicklichkeit sind bei diesem luftigen Freizeitvergnügen im Kletterwald Surwold gefordert.

Die Bewältigung der unterschiedlichen Hindernisse beansprucht meine volle Aufmerksamkeit. Über wackelige Brücken, schwingende Holzpfähle und Seile gilt es zu balancieren. Zeit, um sich schwindelig zu fühlen, bleibt da wenig. Allerdings bin ich ohnehin mit soliden Haken doppelt gesichert. Und ganz so weit oben, wie am Anfang befürchtet, verläuft der sportliche Parcours dann doch nicht. Etwas anders sieht dies schon bei den Routen *Speed* und *Jump* aus. Sie bieten Klettererlebnisse in sieben bis neun Metern Höhe. Die Bezeichnungen klingen bereits betont sportlich, aber auch bei diesen Routen steht Sicherheit an erster Stelle. Insgesamt neun Parcours ziehen sich durch das Waldgelände und bieten für unterschiedliche Zielgruppen die passenden Herausforderungen. Apropos Gruppe, die Zusammenarbeit im Team wird im Kletterwald auf völlig neue Weise erfahrbar – Abenteuer inklusive.

Die seit 2007 bestehende Erlebniseinrichtung ist eingebettet in das Naherholungsgebiet Surwolds Wald, ein weitläufiges Naturareal am Nordrand des Naturparks Hümmling. Neben dem Kletterwald ermöglichen eine 300 Meter lange Sommerrodelbahn, ein Aussichtsturm, eine Minigolfanlage und ein Märchenwald zahlreiche familienfreundliche Aktivitäten. Wanderfreunde finden im Wald zudem ein gut ausgebautes Wegenetz vor.

Nordwestlich des nah gelegenen Ortes Börger lassen sich im Wacholderhain im Naturschutzgebiet Windelberg entspannte Stunden verbringen. Ein sehenswertes Kulturdenkmal ist der restaurierte Schafstall.

17

Batakhaus Werpeloh
Hauptstraße 33
D-49751 Werpeloh
+49 (0)5952 400
www.batakhaus-werpeloh.de

Steinkreis
Der Wippinger Straße nach dem Ortsausgang rund 600 Meter folgen und vor dem Wald in den Feldweg abbiegen
D-49751 Werpeloh

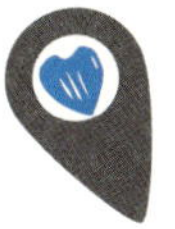

VON GÖTTERN, GIEBELN UND BEGEGNUNGEN

Batakhaus

In der Mitte des Dorfes Werpeloh im Naturpark Hümmling erhebt sich unter alten Eichen ein ungewöhnlicher Bau. Mit seinen kunstvollen Verzierungen und dem geschwungenen, reetgedeckten Satteldach bietet er einen prächtigen und zugleich harmonischen Anblick. Das Batakhaus wurde 1978 originalgetreu im Stil eines traditionellen Wohnhauses der Toba-Batak errichtet, eines Volksstamms auf der indonesischen Insel Sumatra.

Als Initiator und Bauherr wirkte der 2008 verstorbene Kapuzinerpater Matthäus Bergmann, der von 1973 bis 2003 als Pastor in der St.-Franziskus-Gemeinde in Werpeloh tätig war. Bergmann wäre gerne selbst für längere Zeit nach Indonesien gereist, konnte seinen Traum aus gesundheitlichen Gründen allerdings nicht realisieren. Mit dem Batakhaus schuf er zusammen mit vielen weiteren Aktiven einen Ort der respektvollen kulturellen Begegnung. Eine Urkunde im Gebäude bezeugt die freundschaftlichen Beziehungen zwischen dem Hümmlingdorf und Indonesien. Die im Inneren ausgestellten Kunst- und Kulturgegenstände gewähren Einblicke in die Lebenswelt der Batak, deren reiche Mythologie sich auch in der äußeren Gestaltung des Pfahlbaus ausdrückt. So steht die Grundfarbe Schwarz symbolisch für die Unterwelt, Rot für Vitalität und Lebendigkeit und Weiß für die Welt der Götter. Die Form des Satteldachs mit seinen nach oben weisenden Giebeln soll an die Boote erinnern, mit denen die Vorfahren der Batak einst übers Meer nach Sumatra kamen. Die für das Gebäude verwendeten Materialien stammen allerdings durchweg aus emsländischen Gefilden.

Seit 2007 kümmert sich der Trägerverein *Batakhaus Werpeloh* mit viel Engagement um die Pflege des Baus sowie der Ausstellung und bietet Führungen an.

Der sehenswerte, mystisch wirkende Steinkreis rund 1,5 Kilometer westlich von Werpeloh wurde ebenfalls von Pater Matthäus initiiert. Auch hier sind Führungen möglich.

18

Naturschutzstation Hümmling
Sögeler Straße 110
D-49757 Werlte
www.huemmling.de

An der Naturschutzstation befindet sich auch der Start- und Zielpunkt der beiden Rundwege

Für Kiebitz, Kranich und Co

Naturschutzgebiet *Theikenmeer*

Wer Wasser, Wind und Weite zu schätzen weiß, sollte dem Naturschutzgebiet *Theikenmeer* in jedem Fall einen Besuch abstatten. Seine Artenvielfalt und die hier umgesetzten Renaturierungsmaßnahmen gelten als beispielhaft und finden überdies international Beachtung.

250 Hektar umfasst das Areal. 26 Hektar davon macht das eigentliche Theikenmeer aus, ein See, der Lebensraum für eine Vielzahl von Wasservögeln bietet. Neben verschiedenen Gänse- und Entenarten fühlen sich hier auch Singschwäne und Reiher wohl. Das Naturschutzgebiet umfasst aber weitaus größere Flächen. Auf den Feuchtwiesen ringsum brüten der rar gewordene Kiebitz, die noch seltenere Bekassine, die Uferschnepfe sowie Kraniche. Die wiedervernässten Hochmoorareale stellen ebenfalls einen wichtigen Lebensraum für seltene Tierarten dar. So findet sich dort etwa eine bedeutende Kreuzotter-Population.

Der Erhalt des Naturschutzgebietes, das bereits seit 1936 besteht, ist vor allem der Initiative einiger engagierter Naturschützer zu verdanken. Ende der 1970er-Jahre drohte aufgrund einer rücksichtslosen Entwässerung sowie dem Einschwemmen von Gülle von den nahen Ackerflächen die Zerstörung der Flora und Fauna. Nur dank der mit großer Hartnäckigkeit vorangetriebenen Renaturierungsmaßnahmen, einschließlich des Ankaufs von Flächen, konnte diese Entwicklung abgewendet werden. Neben der Regionalgruppe Werlte/Sögel des Naturschutzbundes (NABU) beteiligte sich auch die Zoologische Gesellschaft Frankfurt (ZGF) an der Rettung und stellte dafür wichtige finanzielle Mittel zur Verfügung. Wer sich von den Erfolgen der Naturschützer überzeugen möchte, kann sich auf den im Jahr 2022 neu angelegten Rundwegen samt Aussichtsturm und Plattformen selbst ein Bild machen.

Empfehlenswert ist auch die neue Ausstellung zum Theikenmeer in der aufwändig umgebauten Scheune an der Naturparkstation. Die Ortsgruppe des NABU bietet zudem informative Führungen an.

19

Emslandmuseum Schloss Clemenswerth
D-49751 Sögel
+49 (0)5952 932325
www.clemenswerth.de

Schlosskeller Clemenswerth
Clemenswerth 7
D-49751 Sögel
+49 (0)5952 887
www.schlosskeller-clemenswerth.com

Barocke Sternenpracht

Emslandmuseum Schloss Clemenswerth

Die wild- und waldreiche Landschaft des Hümmlings galt schon zu Zeiten von Clemens August I. (1700–1761) als besonders attraktives Jagdrevier. Der aus dem Hause Wittelsbach stammende Kurfürst und Erzbischof von Köln ließ deshalb jene prächtige Schlossanlage in Sögel errichten, die sich Besuchern heute noch als einzigartiges Kulturdenkmal präsentiert.

Von hier aus brachen einst adelige Jagdgesellschaften zu ihren Streifzügen auf, zudem diente die Anlage dem Repräsentationsbedürfnis ihres Bauherrn. Sternenförmig ordnen sich acht Pavillons um das Jagdschloss an, das den eigentlichen Mittelpunkt bildet. Acht Lindenalleen laufen darauf zu. Diese Alleensternanlage ist die einzige erhaltene weltweit. Nach den Plänen des bekannten Barockarchitekten Johann Conrad Schlaun (1695–1773) wurde das kostspielige Bauvorhaben zwischen 1737 und 1747 realisiert. Seit 1972 ist das Schloss der Öffentlichkeit als Museum zugänglich. Mit viel Aufwand wurde die Anlage nach der Jahrtausendwende restauriert. Die sorgfältig aufbereiteten Ausstellungen in den Gebäuden thematisieren nicht nur die barocke Jagd, sondern gehen auch auf das damalige höfische Leben ein. Zudem werden kostbare Möbel, historische Gemälde, Porzellan und moderne zeitgenössische Kunst präsentiert. Zu ausgedehnten Spaziergängen lädt hingegen der riesige Außenbereich mit beeindruckenden Panoramen, Teichen und einem Klostergarten ein.

Zahlreiche Veranstaltungen sorgen im Jahresverlauf für Abwechslung. Neben Ausstellungen und verschiedenen Führungen locken die Falknertage, der Kunst- und der Adventsmarkt, das Sommerferienprogramm und vor allem Ende August das *Kleine Fest im großen Park*. Bei Letzterem genießen Tausende Gäste Theater, Kleinkunst, Akrobatik und Comedy auf über 20 Bühnen.

Wer den Schlossbesuch mit einem gastronomischen Erlebnis kombinieren möchte, wird sich im Café-Restaurant Schlosskeller mit seinem historischen Gewölbe wohlfühlen.

20

Alte Dorfstelle Wahn
Von der L 53 zwischen D-49751 Sögel und D-49762 Lathen auf die Kreisstraße 168 Richtung Kluse abbiegen. Nach 120 Metern dem Weg rechts in den Wald folgen.
www.erinnerungsort-wahn-huemmling.de

Touristinformation Sögel
Am Markt 2
D-49751 Sögel
+49 (0)5952 206400
www.soegel-tourismus.de

SUCHE NACH DEM VERLORENEN ZUHAUSE

Alte Dorfstelle Wahn

Zwei Schmetterlinge vollführen über Mauerresten tänzelnd ihre Flugkünste, während das Sonnenlicht die Bäume ringsum in goldenes Licht taucht. Eine friedliche Atmosphäre herrscht auf dem Areal der Alten Dorfstelle Wahn. Doch die steinernen Grundrisse an diesem Ort bergen eine Geschichte, die in scharfem Kontrast dazu steht. Sie sind Zeugnisse des Untergangs eines Dorfes.

Die Errichtung eines Schießplatzes der Firma Krupp im Jahre 1877 sollte für Wahn dramatische Auswirkungen haben. Von Beginn an bestand die Absicht, das Übungsgelände vor allem gen Norden zu erweitern. Das Ende des Ersten Weltkrieges verhinderte zunächst die Verwirklichung dieser Pläne. Schließlich sollten die Aufrüstungsmaßnahmen des Nazi-Regimes das Schicksal des Ortes besiegeln. Im Juli 1936 fiel die endgültige Entscheidung für die Erweiterung. Für 177 Wahner Familien hatte dies die Umsiedlung zur Folge, und das trotz anhaltenden Widerstands vieler Betroffener. Ihren traurigen Höhepunkt erreichte die Zerstörung des Dorfes mit dem Abbruch der Antoniuskirche im Laufe des Jahres 1942. Diese war erst 1926 eingeweiht worden.

1957 übernahm die Bundeswehr den Schießplatz von der Firma Krupp. Bis heute beherbergt er die *Wehrtechnische Dienststelle für Waffen und Munition 91.* Die Erinnerungen an das Dorf Wahn blieben jedoch über all die Jahre lebendig. Mit jährlichen Treffen wahren die ehemaligen Bewohner und deren Nachfahren das Andenken. Seit dem Jahr 2006 wurde zudem der Grundriss der ehemaligen Antoniuskirche freigelegt und ein Informationspavillon gebaut. Auch Reste des dörflichen Wegenetzes sind auf zwei Kilometern wiederhergerichtet worden und begehbar. Die so sichtbar gemachten Spuren unterstützen die Erinnerung an diesem geschichtsträchtigen Ort.

Der Friedhof der Dorfstelle Wahn ist erhalten geblieben. Er befindet sich auf der anderen Seite der Landesstraße 53.

21

Schifffahrtsmuseum Haren
Kanalstraße 1
D-49733 Haren/Ems
+49 (0)5932 71313 (Tourismusbüro)
www.heimatverein-haren.de
www.maritimemeile-haren.de

Fahrgastschiff Amisia
Anleger: Harener Schleusenstraße
+49 (0)5932 71313
www.amisia-haren.de

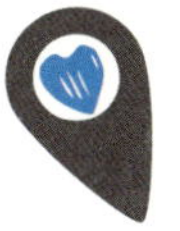

MARITIMES IN ALL SEINEN FACETTEN

Schifffahrtsmuseum

Seit Jahrhunderten ist die Geschichte Harens eng mit der Schifffahrt verbunden. Ihre Wurzeln gehen bis ins 16. Jahrhundert zurück, als die noch vergleichsweise kleinen Harener Pünten die mittlere Ems befuhren. Das robuste Holzgefährt mit flachem Boden wich im Laufe der Zeit jedoch größeren Schiffstypen, die über alle Weltmeere schipperten. Bis heute ist dies so geblieben, denn Haren bildet den drittgrößten Reedereistandort Deutschlands. Rund 300 Seeschiffe werden von den 20 in Haren ansässigen Reedereien betrieben. In ihrem Heimatort vor Anker gehen können sie allerdings nicht, denn dafür sind sie meist zu groß. Entsprechend unterhalten die Unternehmen nur ihre Niederlassungen in der »Schifferstadt«. Echte Wasserfahrzeuge sind in Haren dennoch zu bestaunen. Möglich macht dies das 1986 eröffnete Museum auf dem Haren-Rütenbrock-Kanal, das alle Epochen der Harener Schifffahrtsgeschichte abdeckt.

Sieben historische Exemplare haben in unmittelbarer Nähe zur Innenstadt ihren letzten Liegeplatz gefunden. Jedes repräsentiert einen bestimmten Verwendungszweck bei der Fluss-, Küsten- oder Seeschifffahrt. Unter ihnen sticht die von Lehrlingen der *Meyer Werft* nachgebaute Spitzpünte *Helene* mit ihrem stattlichen Äußeren hervor. In ihren Laderäumen, sowie in denen der Emspünte *Haren 1* und dem Wattmotorschiff *Thea Angela*, ist ebenso wie im alten Schleusenwärterhaus eine Ausstellung untergebracht. Mehrere 1.000 Exponate dokumentieren die Besonderheiten und Herausforderungen der Schifffahrt.

Wer noch mehr über Leben und Arbeit an Bord erfahren möchte, dem sei ein Gang entlang der *Maritimen Meile* empfohlen. Der schöne Rundweg mit Startpunkt am Schiffer-Ehrenmal am Schwester-Kunigunde-Platz eignet sich mit zahlreichen Infotafeln für einen lehrreichen Spaziergang.

Mit dem Fahrgastschiff *Amisia* lassen sich vom Anleger an der Harener Schleusenstraße Fahrten auf der Ems unternehmen.

22

St. Martinuskirche Haren
Kirchstraße 5
D-49733 Haren/Ems
www.etwah.de

EIN OPULENTER ANBLICK

St. Martinuskirche

Wer sich Haren nähert, dem fällt bereits aus größerer Entfernung ein markanter Kuppelbau auf, der die Silhouette der Stadt an der Ems prägt. Das ungewöhnliche Erscheinungsbild des fast 60 Meter hohen Gebäudes macht neugierig. Auch im Inneren belohnt die katholische St. Martinuskirche ihre Besucher mit imposanter Architektur.

Zu ihrer jetzigen Gestalt fand das Gotteshaus allerdings vergleichsweise spät. Zwar befand sich bereits im 14. Jahrhundert nachweislich eine Kirche an gleicher Stelle, doch wurde diese 1852 abgerissen und im Folgejahr durch einen neuromanischen Bau ersetzt. Erst durch umfangreiche Erweiterungen von 1908 bis 1911 fand die Kirche zu ihrer heutigen barocken Gestalt. Ihre markante Kuppel ist der von Sankt Peter in Rom nachempfunden, was die umgangssprachliche Bezeichnung als »Emslanddom« erklärt.

Dass die Erweiterung seinerzeit überhaupt möglich war, verdankte sich vor allem den Gebrüdern Stephan und Heinrich Esders. Die aus Haren stammenden und in Wien und Paris tätigen Großkaufleute spendeten fast die Hälfte der Bausumme von 220.000 Goldmark. Möglicherweise war ihnen schon damals bewusst, dass ihre Spende half, ein Wahrzeichen für die gesamte Region zu schaffen. Der Blick auf und in die mächtige Kuppel mit ihren 16 ovalen Fenstern ist und bleibt beeindruckend. Unterhalb von ihr befindet sich eine um fünf Stufen erhöhte Altarinsel, von der sich der weite Kirchenraum mit seinen insgesamt 780 Sitzplätzen gut überschauen lässt. Die vielen kunstgeschichtlichen Details – etwa das kostbare romanische Taufbecken mit den vier Löwenkörpern – lassen sich am besten im Rahmen einer Führung erkunden.

An mehreren Sonntagen im Sommer können Besucher bei den *Harener Orgeltagen* Musikern lauschen, die das Gotteshaus mit Stücken aus verschiedenen Epochen bespielen.

23

Dankernsee
Schlossallee
D-49733 Haren/Ems

Ferienzentrum Schloss Dankern
Am Tiergarten
D-49733 Haren/Ems
+49 (0)5932 72230
www.schloss-dankern.de

FREIZEITSPASS UND STRANDVERGNÜGEN

Dankernsee mit *Ferienzentrum Schloss Dankern*

Weich und warm fühlt er sich an, der helle Sand am Dankernsee. Türkisfarben schimmert das Wasser, bei dessen Anblick ich mich fast unter Palmen wähne. In kürzester Zeit fühle ich mich wie im Urlaub.

Der größte Badesee des Emslandes ist frei zugänglich. Mit seinem drei Kilometer langen Sandstrand und dem flachen Uferbereich bietet er zum Schwimmen und Entspannen ideale Bedingungen, und das für alle Generationen. Über 40 Hektar erstreckt sich die Wasserfläche, deren Überquerung an zwei Stellen über Brücken möglich ist. Als deren natürliche Verbindungsglieder dienen Landzungen und eine Insel. Wer mag, kann auch ein Tret- oder Paddelboot leihen und das Gewässer erkunden. Eine Tauch- und Windsurfschule mit entsprechendem Ausrüstungsverleih befindet sich ebenfalls vor Ort. Eine weitere Attraktion ist die Wasserskianlage. Ob Anfänger oder Fortgeschrittene, der 800 Meter lange Rundkurs ermöglicht bis zu elf Personen gleichzeitig ein aufregendes Vergnügen. Neben diesem Sportangebot ist der See jedoch vor allem ein Ort der Entspannung und Erholung. Die schöne Natur und die gut ausgebauten Wege laden auch bei kälteren Temperaturen zu einem Spaziergang an seinem Ufer ein.

Das unmittelbar am See gelegene *Ferienzentrum Schloss Dankern* gilt mit seinen über 700 Ferienhäusern als größte Anlage ihrer Art in Deutschland. Rund um das historische Wasserschloss aus dem 17. Jahrhundert finden sich 200 Freizeit-, Spiel- und Sportmöglichkeiten, etwa in der 10.000 Quadratmeter großen Indoor-Erlebniswelt oder auf der riesigen Spielburg *Drago*. Das Spaßbad *Topas* garantiert auch an Regentagen ungetrübte Badefreuden.

Machen Sie einen Abstecher zu der 20 Meter hohen Sanddüne an der Südseite des Sees! Der Besuch des Freizeitparks des Ferienzentrums eignet sich zudem hervorragend für einen Tagesausflug.

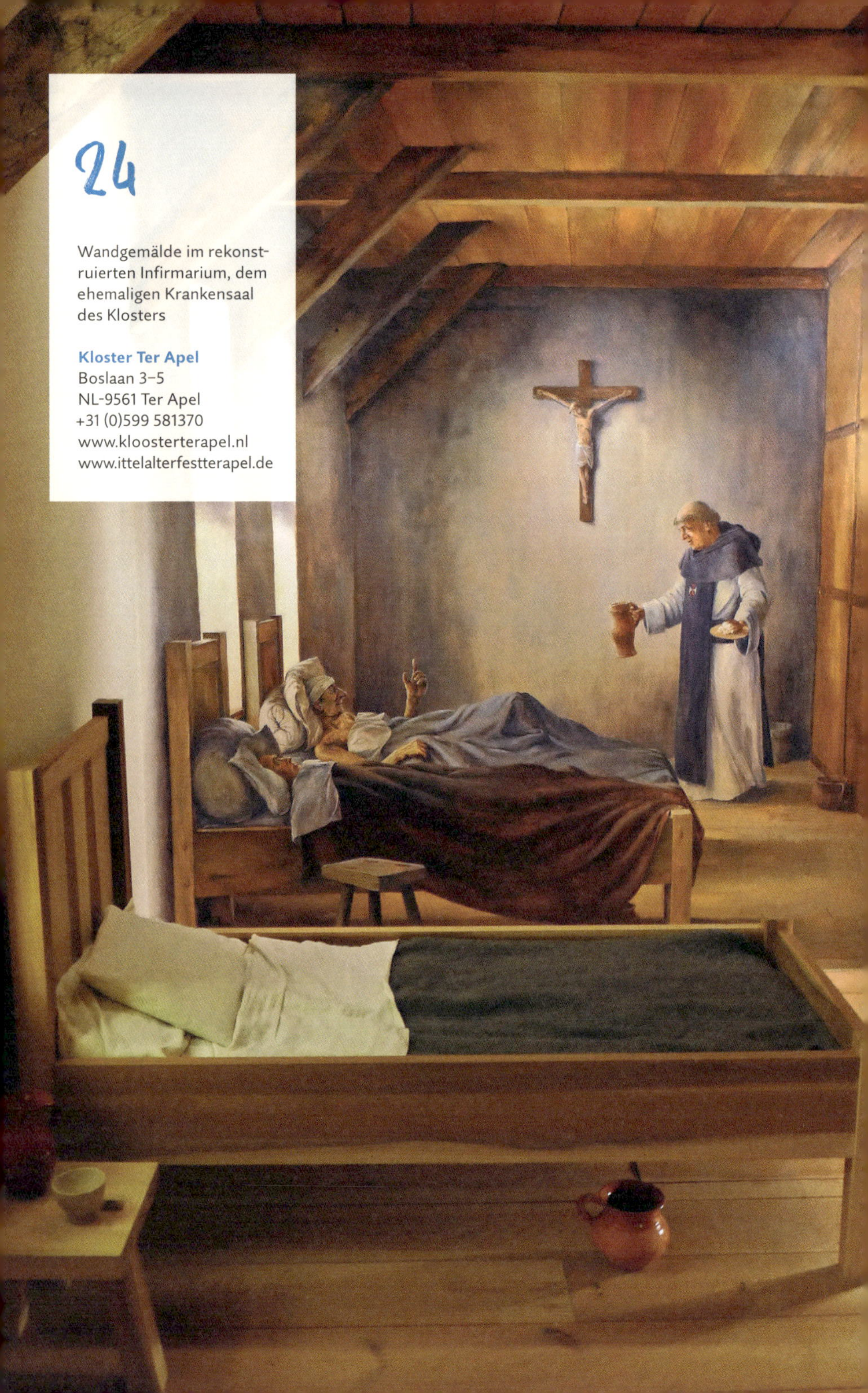

24

Wandgemälde im rekonstruierten Infirmarium, dem ehemaligen Krankensaal des Klosters

Kloster Ter Apel
Boslaan 3–5
NL-9561 Ter Apel
+31 (0)599 581370
www.kloosterterapel.nl
www.ittelalterfestterapel.de

EIN KLEINOD MIT KREUZGANG UND GARTEN

Kloster

Das am besten erhaltene mittelalterliche Kloster der Niederlande und des westlichen Niedersachsens liegt etwas versteckt, eingebettet in ein idyllisches Waldgebiet am Rande des kleinen Grenzstädtchens Ter Apel. Der Ort verdankt dem Stift seine Existenz, denn erst nach dessen Gründung setzte eine größere Besiedlung ein.

1464 bat der Pfarrer Jacobus Wilthing den Orden des Heiligen Kreuzes, in der Gegend um das heutige Ter Apel ein Kloster zu errichten und damit die geistliche und wirtschaftliche Entwicklung der damals armen Region voranzubringen. Bereits 1465 erfolgte die Einweihung durch den Bischof von Osnabrück, und um 1500 waren große Teile des Gebäudekomplexes fertiggestellt. Nach einer wechselvollen Geschichte erwarb 1976 die staatliche Forstverwaltung das Anwesen und übertrug dessen Nutzung der Stiftung *Museum Kloosterenclave Ter Apel.* Umfangreiche Sanierungs- und Restaurierungsmaßnahmen folgten.

Einblicke in das einstige Leben hinter den geschichtsträchtigen Mauern können Besucher beim Rundgang durch das Klostermuseum gewinnen. Ob im Kreuzgang, in der gotischen Kanonikerkirche mit ihrer hervorragenden Akustik oder im malerischen Innenhof samt Kräutergarten – die Anlage bietet vielfältige Impressionen. Dazu zählt auch das auf dem weitläufigen Klosterdachboden rekonstruierte Infirmarium, der ehemalige Krankensaal. In ihm wurden kranke und betagte Brüder, Pilger und Menschen aus dem Umland gepflegt. Zahlreiche wertvolle Exponate runden das Angebot ab.

Für Bierfreunde lohnt ein Besuch des klostereigenen Proviantkellers. Dort können schmackhafte Klosterbiere erworben werden, die in Kooperation mit einer nahegelegenen Brauerei seit 2018 produziert werden und an die alte Brautradition des Klosters anknüpfen.

Ein buntes Treiben herrscht auf dem größten Mittelalterfest der Niederlande, das jährlich im Sommer auf dem Klostergelände stattfindet. Ganzjährig locken die Spazierwege rund um die Anlage.

25

Hüvener Mühle
Hüvener Mühle 12
D-49751 Hüven
+49 (0)5964 959700
www.huevener-muehle.de

EINE DER LETZTEN IHRER ART

Mühle

Sollte ein TV-Produktionsteam noch eine besonders romantische Mühle als Drehort für einen Märchenfilm suchen, hätte ich einen Tipp: Nahe des schönen Örtchens Hüven erhebt sich am Ufer der Mittelradde ein Exemplar, dessen malerisches Äußeres die Fantasie beflügelt und das zugleich eine seltene Fähigkeit aufweist. Mit ihr lässt sich die Kraft von Wind und Wasser gleichermaßen nutzen. Diese Flexibilität macht sie zu einer wertvollen Rarität, denn sie ist eine der letzten kombinierten Wind- und Wassermühlen Europas, die sich dem Betrachter in einem komplett erhaltenen Zustand präsentiert. Die Nutzung beider Naturkräfte ist nicht nur ökonomisch von Vorteil. Auch in ästhetischer Hinsicht überzeugt die Anlage durch die nachträglich auf die Wassermühle gebaute Windmühle und lockt Besucher von nah und fern.

Erstmals urkundlich erwähnt wurde die Wassermühle 1534. Im Jahr 1801 wurde sie durch ein Feuer zerstört, jedoch umgehend wieder aufgebaut. Da der Fluss in regenarmen Zeiten als Energielieferant nicht ausreichte, hatte der Hüvener Müller die Idee, sich zusätzlich die Windkraft zunutze zu machen. Ab 1850 konnte die Anlage, je nach Bedarf, auf die eine oder die andere Art betrieben werden. In den folgenden 100 Jahren wechselte die Mühle mehrmals den Pächter, bis sie 1950 stillgelegt wurde. Fünf Jahre später erwarb der Kreisheimatverein das Bauwerk und restaurierte es umfassend. Seither steht das Gebäude unter Denkmalschutz.

Ein umfangreiches Führungsprogramm vermittelt Informationen zu den Hintergründen und regionalen Bezügen des bemerkenswerten Bauwerks. Müllersfrau-, Fackel-, Mühle- und Megalithführung, auch auf Plattdeutsch oder in englischer Sprache – das Angebot ist vielfältig. Anfragen nimmt das Besucherzentrum auf dem Mühlengelände entgegen, das zudem eine kleine Ausstellung umfasst.

Beliebt sind die Mahl- und Backtage, bei denen frisch gebackenes Brot erworben werden kann. Ein 1,3 Kilometer langer Rundweg entlang der Mittelradde lädt außerdem zu einem Spaziergang ein.

26

Hünengräberstraße des Hümmling
Parkplatz an der Straße K 138 zwischen D-49777 Groß Berßen und D-49751 Hüven
www.strassedermegalith-kultur.de

STILLE ZEUGEN DER FRÜHGESCHICHTE

Hünengräber der Hügellandschaft Hümmling

Auf den ersten Blick wirkt der kaum zwei Meter hohe, mit Gras und Heide bewachsene Hügel unscheinbar. Erst als ich dem schmalen Pfad weiter folge, offenbart sich mir sein Geheimnis. Ich blicke in eine dunkle Öffnung, die auf beiden Seiten von einer mächtigen Steinreihe flankiert wird. So also haben sie vor Tausenden Jahren ausgesehen, die mythenumwobenen Megalithgräber, die es im Emsland in besonders großer Zahl zu bestaunen gibt.

Der archäologische Name dieser frühgeschichtlichen Bauten leitet sich vom Begriff »großer Stein« ab, während die gebräuchliche Bezeichnung »Hünengräber« lautet. Beim Anblick der mächtigen Anlagen wundert es kaum, dass Menschen in früheren Jahrhunderten zu der Überzeugung gelangten, Riesen hätten darin ihre letzte Ruhestätte gefunden. Angesichts der imposanten Größe kein Wunder. Tatsächlich verfügten die jungsteinzeitlichen Erbauer über eine enorme technische Raffinesse. Bis heute ist ihr Vorgehen vor rund 5.500 Jahren noch nicht gänzlich enträtselt.

Zwischen den Orten Groß Berßen und Hüven finden sich, nahe beieinander, gleich acht dieser beeindruckenden Großsteingräber. Das Exemplar, vor dem ich stehe, liegt nordöstlich des Besucherparkplatzes und ist von dort aus in wenigen Gehminuten zu erreichen. Es wurde 1825 erstmals beschrieben und 1955 ausführlich wissenschaftlich untersucht. Bei den Ausgrabungen an dem damals teilweise zerstörten Bauwerk fanden sich neben Steinwerkzeugen 22 Pfeilspitzen aus Feuerstein sowie Keramikscherben. Aus ihnen ließen sich 330 Tongefäße rekonstruieren. Eine insgesamt 9,5 Meter lange Kammer wurde freigelegt, die im Folgejahr vollständig rekonstruiert und entsprechend mit Erde sowie Gras- und Heidesoden bedeckt wurde. Bis heute ist sie für jeden interessierten Entdecker frei zugänglich.

Die *Straße der Megalithkultur* verbindet 33 archäologische Stationen zwischen Osnabrück und Oldenburg. Mehr als 70 Großsteingräber aus der Jungsteinzeit können erkundet werden.

27

Waldbühne Ahmsen
Zur Waldbühne 21
D-49774 Lähden-Ahmsen
+49 (0)5964 1027
www.waldbuehne-ahmsen.de

Kulturdorf Ahmsen des Kunstforums Waldbühne Ahmsen
Pater-Schürmann-Straße 5
D-49774 Lähden-Ahmsen
+49 (0)5964 1799
www.kulturdorf-ahmsen.de
www.kunstforum-wb-ahmsen.de

Ein grünes Podium der Extraklasse

Waldbühne Ahmsen

Sommersprossen, rote Zöpfe und unglaubliche Kräfte sind ihr Markenzeichen – Pippi Langstrumpf hat bereits Generationen von Kindern begeistert und bis heute nichts von ihrer Faszination eingebüßt. Die Abenteuer des selbstbewussten Mädchens bezaubern in den bekannten Büchern und Filmen ebenso wie auf der Bühne. Das gilt auch für eines der besucherstärksten Freilichttheater Niedersachsens. Dieses befindet sich nicht etwa in einer der Metropolen des Bundeslandes, sondern am Rande des idyllischen, 300 Einwohner zählenden Dörfchens Ahmsen im östlichen Emsland.

Jahr für Jahr bietet die Waldbühne Ahmsen Theater- und Musicalvergnügen für alle Generationen. Das schöne Gelände inmitten eines Waldgebietes dient bereits seit Beginn der 1950er-Jahre als Spielort. Zwischen Mai und September können auf der riesigen Bühne mit altem Baumbestand aufwendige Produktionen genossen werden, darunter stets ein geistliches Schauspiel und ein Musical für Kinder und Familien. Klassiker wie Pippi Langstrumpf oder Michel aus Lönneberga sind ohne Frage echte Publikumslieblinge. Gastveranstaltungen wie die *Musicalnight* und Konzerte ergänzen das Programm. Der freitragende Zuschauerraum umfasst rund 2.000 Sitzplätze auf der überdachten Tribüne und ermöglicht dadurch einen wetterunabhängigen Spielbetrieb. Die 2013 neu installierte Akustikdecke sorgt zudem für einen hervorragenden Klang.

Einen Besuch der Waldbühne kann man wunderbar mit einem Abstecher ins *Kulturdorf Ahmsen* verbinden. In der kleinen Gemeinde lassen sich insgesamt sechs Freilichtgalerien zu unterschiedlichen Themen jederzeit kosten- und barrierefrei entdecken. Die Skulpturen, Metallobjekte und Stelen können allein oder im Rahmen von Führungen besichtigt werden.

Werfen Sie bei einem Spaziergang durch das *Kulturdorf* auch einen Blick auf die restaurierten historischen Gebäude wie das Backhaus oder die Alte Schule.

28

Torfwerk Hahnenmoor
Grafelder Straße 44
D-49770 Herzlake
www.torfwerk-hahnenmoor.de

Führungen buchbar über die **Samtgemeinde Herzlake**
Neuer Markt 4
D-49770 Herzlake
+49 (0)5962 880
www.herzlake.de

DAS RIED DARF WIEDER WACHSEN

Torfwerk Hahnenmoor

Es ist die Kombination aus Ruhe, Abgeschiedenheit und urwüchsiger Natur, die das Hahnenmoor so attraktiv macht. In dem ausgedehnten Naturschutzgebiet südöstlich von Herzlake wurde zwischen 1958 und 1988 industriell Torf abgebaut. Mittlerweile sind weite Teile des Rieds wieder renaturiert worden.

An diesem Sommerabend ist die Luft lau. Ein leichter Wind malt feine Muster in die kurz zuvor noch spiegelglatte Wasseroberfläche zu Füßen des hölzernen Aussichtsturms. Mein Blick schweift in die Weite. Schnurgerade verläuft der Weg unterhalb des Turms durch das Moor. In der Ferne sind die Baumspitzen des Börsteler Waldes zu sehen, der bereits zum Landkreis Osnabrück gehört. Ein Raubvogel zieht über Wasser und Heide seine Kreise.

Wenig später mache ich mich auf den Rückweg zum Torfwerk in rund 500 Metern Entfernung. In dem schlichten Bau wurde früher der gestochene Weißtorf zu Streu verarbeitet. Im Jahr 2003 von der Gemeinde Herzlake erworben, präsentiert sich der Komplex nach umfassender Instandsetzung und Modernisierung heute als attraktives Ziel für Wanderer und Spaziergänger. Vor allem dem Engagement des im Jahr 2000 gegründeten Vereins *Torfwerk Hahnenmoor* ist es zu verdanken, dass das Gebäude und das umliegende Areal erhalten blieben und von der Öffentlichkeit genutzt werden können. Das Gebäude beherbergt nicht nur ein schönes Café, sondern vermittelt anhand einiger technischer Exponate auch die frühere Arbeit im Torfwerk. Die Bedeutung des Moorschutzes wird dabei hervorgehoben.

In den Jahren 2001 und 2002 wurde die alte Schmiede des Torfwerkes restauriert und zu einer *Moorschule* umgebaut, die auch als Ausgangspunkt für Führungen ins Naturschutzgebiet dient. Sehenswert ist zudem das 1,5 Hektar große naturnahe Außengelände. Kleine Wege und Pfade führen zu idyllischen Sitzgelegenheiten.

An jedem Sonntagnachmittag zwischen Mai und Oktober sind Fahrten mit der Moorbahn auf der Originaltrasse rund um das Werkgelände möglich.

29

Einige **Mundräuberbänke** des Hase-Ems-Radfernwegs finden Sie in und um D-49770 Herzlake nahe der Hasestraße sowie in den Ortsteilen Westrum und Andrup

Hasetal Touristik
Langenstraße 33
D-49624 Löningen
+49 (0)5432 599599
www.hasetal.de
https://mundraub.org

FAST WIE IM SCHLARAFFENLAND

»Mundräuberbänke« im Hasetal

Das blaue Band der Hase zieht sich durch die malerische Landschaft. Leise surren die Räder, während ein milder Fahrtwind um die Nase weht. Bäume mit prächtigen Früchten locken am Wegesrand zu einer Auszeit. Und genau diese ist ausdrücklich erwünscht – Kostprobe inklusive!

Eine Fahrradtour entlang des Flusses im Hasetal vereint Bewegung, Entspannung und Genuss. Zu der weitläufigen Landschaft zwischen Bersenbrück und Meppen gehören seit Jahrhunderten frei zugängliche Obstbäume. Seit einigen Jahren können Passanten in der Erntezeit auf bequeme Weise von ihren Früchten probieren. Um die Bestände zu erhalten und zu erweitern, pflanzte der Zweckverband *Erholungsgebiet Hasetal* Mitte der 1990er-Jahre Tausende Bäume entlang des Radfernweges *Hase-Ems-Tour*. Mit einem innovativen Konzept, das von den Gemeinden des Hasetals in Zusammenarbeit mit Verbänden entwickelt wurde, sollte ihre Nutzung in der Folge sichergestellt werden. Engagierte Mitbürger konnten für Baumpatenschaften gewonnen werden, Schnittkurse besuchen und seitdem eigenständig die Pflege der Pflanzen übernehmen. Die geernteten Früchte werden zu Konfitüren, Säften oder Likören verarbeitet und in vielen Gastronomiebetrieben der Region angeboten. Zusätzlich wurden an mehreren Bäumen rote sogenannte »Mundräuberbänke« aufgestellt. Mithilfe dieser fest installierten Leitern können Radfahrer heute Äpfel, Birnen, Kirschen und Pflaumen selbst pflücken und die regionalen Naturprodukte unmittelbar genießen.

Mundraub lautet der Name des unter anderem von der *Deutschen Bundesstiftung Umwelt* geförderten Konzepts, das im Hasetal seinen Anfang nahm und mittlerweile bundesweit zahlreiche Nachahmerprojekte inspiriert. Für die erfolgreichen Bemühungen würdigte der *Deutsche Tourismusverband* die »Mundraubregion Hasetal« mit dem ersten Platz des Tourismuspreises 2014.

Ob als individueller Radurlaub oder geführte Tour – die Vielfalt an Routen ist im Hasetal groß. Die besonders naturnahe Etappe zwischen Haselünne und Meppen zählt zu meinen Favoriten.

30

Der Berentzen Hof
Ritterstraße 7
D-49740 Haselünne
+49 (0)5961 502556
www.berentzen-hof.de

BRENNERGANG UND BURGMANNSHOF

Berentzen-Hof in Haselünne

Dass Tradition und Moderne eng beieinander liegen können, beweist der Berentzen-Hof im Ortszentrum der Korn- und Hansestadt Haselünne. Alte Fachwerkbauten prägen das gepflegte Areal. Die Gebäude dienen dem Spirituosenhersteller Berentzen als Konzernsitz und beherbergen zugleich ein außergewöhnliches Besucherzentrum.

Den Mittelpunkt des Hofgeländes bildet der *Westerholtsche Burgmannshof*, ein zweigeschossiger Wehrturm, der 1385 erbaut wurde und einst einen Teil der Stadtbefestigung darstellte. Von den 22 nachweisbaren Burgmannshöfen Haselünnes ist er der einzige, der in kaum veränderter Form erhalten ist. Der historische Rittersaal im Erdgeschoss zeichnet sich durch ein rustikal-heimeliges Ambiente aus, das nicht nur dem hölzernen Gebälk und den alten Bodenfliesen geschuldet ist, sondern ebenso historischen Gemälden, mittelalterlichen Waffen sowie einem prächtigen Kamin.

An diesem Ort können Interessierte im Rahmen des vielseitigen Führungsprogramms einen Ausflug in die Vergangenheit unternehmen. Dieser gestaltet sich als erlebnisreicher Rundgang, bei dem etwa ein Herold und ein klassisches Burgfräulein die Besucher begleiten und auf äußerst kurzweilige Art unterhalten. Die Gäste werden miteinbezogen, so viel sei an dieser Stelle bereits verraten. Eine Verkostung von Brennereiprodukten ist ebenfalls vorgesehen. Des Weiteren wird ein Brennergang angeboten, bei dem die Teilnehmer wiederum auf den Spuren früherer Destilliermeister wandeln und in deren altes Handwerk eingeführt werden. Möglich sind aber auch individuelle Touren sowie Tagungen, etwa im historischen Rittersaal. Einen Besuch lohnt in jedem Fall auch der Hofladen mit seinen großzügigen Räumlichkeiten.

Die beiden ebenfalls in Haselünne beheimateten Brennereien Rosche und Heydt bieten auch regelmäßige Führungen an. Mehr Informationen erhalten Sie unter www.rosche.de und www.heydt.de.

31

Wacholderhain
Startpunkt: Wanderparkplatz am Haselünner See
Am See
D-49740 Haselünne

Touristinformation Haselünne
Rathausplatz 1
D-49740 Haselünne
+49 (0)5961 509320
www.haseluenne.de

Wo die wilden Pferde wohnen

Wacholderhain

Langsam trabt das Pferd auf mich zu und beginnt, in meiner Nähe zu grasen. Entspannt zeigen sich auch die anderen Herdenmitglieder. In einem Umkreis von rund 100 Metern tummeln sich die Tiere auf offenem Gelände und betätigen sich als Landschaftspfleger. Sie halten den Bewuchs im Haselünner Wacholderhain kurz, eine wichtige Voraussetzung dafür, dass dieses bereits seit 1937 unter Naturschutz stehende Gebiet seinen besonderen Charakter und landschaftlichen Reiz bewahren kann.

Die selbstbewussten und zugleich umgänglichen Pferde faszinieren mich. Es sind Tarpane, genauer gesagt Tarpan-Rückzüchtungen. Die ursprüngliche europäische Wildpferderasse, die noch im späten Mittelalter in zahlreichen Ländern unseres Kontinents anzutreffen war, starb im Laufe des 19. Jahrhunderts aus. Auf dem großen Naturareal, das im Süden und Westen von der Hase begrenzt wird, halten sich die robusten Tiere das gesamte Jahr über im Freien auf. Den Platz teilen sie sich mit einigen schottischen Hochlandrindern und den gelegentlich vorbeischauenden Besuchern, welche die Unberührtheit und Wildheit dieses wunderschönen Gebietes zu schätzen wissen.

Der Haselünner Wacholderhain ist einer der größten seiner Art in Deutschland. Hunderte der immergrünen Pflanzen wachsen hier in oft stattlicher Größe und eigenwilliger Form. An vielen Stellen bilden sie ein undurchdringlich wirkendes Geflecht, das an einen Irrgarten erinnert. Zusammen mit den alten Eichenbeständen, Heideflächen und feuchten Niederungen ergibt sich ein vielfältiges Landschaftsmosaik. Die verschlungenen Pfade des Wacholderhains können unter anderem über einen Naturerlebnispfad erkundet werden, der an Informationsstationen Wissenswertes über diesen besonderen Lebensraum bereithält.

Wer unter fachkundiger Begleitung den Wacholderhain erkunden möchte, kann über die Haselünner Touristinformation eine Führung buchen.

32

Hasetal-Express
Zustieg etwa am
Bahnhof Haselünne
Bahnhofstraße 9
D-49740 Haselünne
www.eisenbahnfreunde-hasetal.net

Hasetal Touristik
Langenstraße 33
D-49624 Löningen
+49 (0)5432 599599
www.hasetal.de

EIN NOSTALGISCHES FAHRVERGNÜGEN

Hasetal-Express am Bahnhof

Graue Rauchschwaden steigen auf und ein markantes Hornsignal schallt durch die Luft. Staunende Blicke sind dem alten Gefährt sicher, das schnaufend über die Schienen gleitet. Der Stopp am Haselünner Bahnhof ist für alle Beteiligten ein Erlebnis. Fahrgäste recken neugierig die Köpfe aus den Fenstern. Zusteigende blicken erwartungsvoll auf die glänzende schwarze Front der fauchenden Lok und freuen sich auf die bevorstehende Fahrt.

Die gepflegte Dampflokomotive aus dem Jahr 1922 trägt den passenden Namen *Niedersachsen* und bildet, neben zwei alten Dieselloks, das »Zugpferd« des Hasetal-Express. Im Schlepptau führen diese fünf Personenwagen mit sich, die zwischen 1901 und 1930 erbaut wurden. Dazu gesellen sich weitere historische Vehikel wie ein Salon-, ein Pack- sowie zwei Güterwagen. Sie alle ermöglichen Interessierten ein nostalgisches Reisevergnügen durch die abwechslungsreiche Landschaft des Hasetals.

Von Mai bis Oktober verkehrt der über die Hasetal-Touristik zu buchende Express zwischen Meppen und Essen (Oldenburg) im Landkreis Cloppenburg, und das bereits seit 1988. Zudem werden im Jahresverlauf themenspezifische Sonderfahrten angeboten. Mehrere Bedarfshaltestellen ermöglichen das Aus- und Zusteigen auf der Strecke ganz nach Belieben. Da unter anderem eine Radbeförderung möglich ist, lassen sich interessante Tourverläufe planen und mit einer Eisenbahnfahrt kombinieren.

Mit viel Engagement und Arbeitseinsatz sorgen die Aktiven des Vereins *Eisenbahnfreunde Hasetal* für die Wartung und Pflege der Loks und Wagen. Ihnen ist es zu verdanken, dass sich diese besonderen technischen Relikte auch heute noch im besten Zustand der Öffentlichkeit präsentieren.

Von Werlte über Sögel nach Lathen fährt die *Hümmlinger Kreisbahn* mit ihren historischen Fahrzeugen. www.museumsbahn-huemmlingerkreisbahn.de

33

Alte Kirche St. Vitus
Am Kirchberg 4
D-49716 Meppen-Bokeloh
www.meppen-ost.de

Altes Gasthaus Giese
Römerstraße 1
D-49716 Meppen-Bokeloh
+49 (0)5931 6610

EIN GOTTESHAUS AM SCHÖNEN FLUSS

Alte Kirche St. Vitus in Bokeloh

Der goldene Wetterhahn der St.-Vitus-Kirche im Meppener Ortsteil Bokeloh strahlt in der Morgensonne. Unterhalb des Gotteshauses fließt die Hase, an der Kanuten eine Rast einlegen. Eine gute Wahl, denn das Ambiente ist malerisch.

Nachdem ich die Brücke über den Fluss an diesem sonnigen Spätsommertag überquert und die wenigen Stufen der Anhöhe erklommen habe, stehe ich vor dem Eingangsportal der vermutlich ältesten Kirche des Emslandes. Ihre Gründung wird auf den ersten Bischof von Münster zurückgeführt, den heiligen Liudger (742–809), der auf seinen Reisen zwischen Westfalen und Friesland an der Hase feste Ruheplätze anlegte. Teile der alten Bausubstanz sind im Mittelteil des Gebäudes erhalten geblieben. 1462 wurde das Gotteshaus um den Chorraum erweitert und die Fenster dem gotischen Stil des Neubaus angepasst. Der Turm wurde 1512 errichtet. In einer Sturmnacht Ende April 1812 stürzte er in das Gewölbe und richtete dabei großen Schaden an. Erst in den 1990er-Jahren konnte, dank einer breiten finanziellen Unterstützung, der ursprüngliche Zustand wieder vollständig hergestellt werden.

Unmittelbar neben der Kirche befindet sich die 1862 aus Backsteinen erbaute und sanierte Schule, die seit 2002 mit einer Dauerausstellung sowohl Einblicke in das frühere Schulleben gewährt als auch an die Aufenthalte Otto Pankoks in Bokeloh erinnert. Das Gebäude zählte zu den Motiven des vielseitigen Künstlers, als er von 1938 bis 1941 mit seiner Familie in dem kleinen Ort Zuflucht vor den Nachstellungen der Nationalsozialisten fand. Mit dem 2012 eröffneten, 2,5 Kilometer langen *Otto-Pankok-Malerweg* lassen sich 15 Standorte erkunden, an denen der Künstler bei seiner Suche nach Motiven fündig wurde. Der Rundweg startet direkt an der Kirche St. Vitus und führt mitten durch üppige Natur.

Unterhalb der Kirche liegt das 300 Jahre alte gemütliche Gasthaus Giese mit Gartenterrasse und lohnt einen Besuch.

34

Rathaus
Markt 43
D-49716 Meppen

Tourist-Information Meppen (TIM) e.V.
Markt 4
D-49716 Meppen
+49 (0)5931 153153
www.meppen-tourismus.de

MARKANT UND CHARMANT

Rathaus am Marktplatz

Es ist nicht die Größe, mit der das Meppener Rathaus beeindruckt, sondern sein historischer Charme. In kürzester Zeit lässt sich das anmutige Gebäude umrunden. Der Meppener Marktplatz wird von dem frei stehenden Bau dominiert, dessen architektonische Details es zu erkunden lohnt. Empfehlenswert ist ein Besuch auch in den Abendstunden, wenn das Rathaus im Licht der Scheinwerfer eine besondere Atmosphäre entfaltet.

Die Stufengiebel des Wahrzeichens der Stadt wirken durch die halbkreisförmigen Aufsätze filigran. Zusammen mit dem schönen Treppenturm, dem Findlingsfundament und den vier durch Rundbögen miteinander verbundenen Säulen bilden sie die markantesten Merkmale der Fassade. Im Jahr 1408 wurde das heutige Untergeschoss aus Findlingen erbaut. 1605 erfolgte eine Erhöhung um zwei weitere Stockwerke. Um für das zweite Geschoss eine größere Grundfläche zu erwirken, wurde dieses mithilfe von Säulen vorgezogen. Der dadurch entstandene offene Bereich darunter dient heute, ebenso wie das gesamte vordere Areal, dem Rathaus-Café als Gastronomiebereich. Im Innern beherbergt das Gebäude den historischen Ratssaal, in dem repräsentative Empfänge und standesamtliche Trauungen stattfinden.

Wer sich intensiver mit der Stadtgeschichte beschäftigen möchte, kann sich bei der Touristinformation am Marktplatz über das vielfältige Führungsprogramm informieren. Zweimal in der Woche findet zudem auf dem Platz der Wochenmarkt statt, auf dem frische Produkte aus der Region und der näheren Umgebung erhältlich sind. Viele Meppener nutzen ihn auch, um sich zu treffen und die neuesten Informationen auszutauschen.

Hinter dem historischen Rathaus befindet sich das sehenswerte Meppener Stadthaus. Im Foyer sowie in den Fluren des Erd- und Obergeschosses sind regelmäßig Ausstellungen zu sehen.

85

Gymnasialkirche Meppen
Gymnasialstraße 3
D-49716 Meppen
+49 (0)5931 153153

Stadtmuseum Meppen
An der Koppelschleuse 19a
D-49716 Meppen
+49 (0)5931 153410
www.stadtmuseum-meppen.de
www.heimatverein-meppen.de

EIN FARBENFROHER BLICKFANG

Gymnasialkirche

Mit ihrer in Gelb und Rot erstrahlenden Fassade und den geschwungenen Giebeln ist die Gymnasialkirche ein echter Blickfang. Unweit des Marktplatzes setzt das Gotteshaus ein besonders farbenfrohes Ausrufezeichen, das mich bei fast jedem meiner Besuche der Meppener Innenstadt zu einer kurzen Stippvisite veranlasst.

Entstanden ist das markante Bauwerk als einschiffige Schulkirche zwischen 1743 und 1746. Das angrenzende Gymnasium Marianum-Aloysianum war bereits 1643 von dem Jesuitenorden gegründet worden. Die damaligen Schüler dürften über die prächtige Ausstattung »ihres« Gotteshauses gestaunt haben. Heute befindet es sich im Besitz des Landkreises Emsland.

Zur Finanzierung der Kirche trug unter anderem der Erbauer des Schlosses Clemenswerth in Sögel bei, Fürstbischof Clemens August, der selbst von den Jesuiten unterrichtet worden war. Große Fensterflächen sorgen für reichlich Licht, sodass die Ausstattungsdetails passend zur Geltung kommen. Die spätbarocke Originalausstattung ist größtenteils erhalten geblieben. Sie kündet von der Bedeutung des Ordens, dessen Einfluss maßgeblich dazu beitrug, den Katholizismus im Emsland zu verankern. Vor allem die prächtigen Seitenaltäre ziehen die Aufmerksamkeit auf sich. Gefertigt wurden sie vom Bildhauer Johann Christoph Manskirsch nach den Entwürfen des bedeutenden Barockarchitekten Johann Conrad Schlaun. Die gesamten Innenbauten sind allesamt aus Eichenholz gefertigt worden, einschließlich der Altäre und Kanzel. Kunstvolle Stuckarbeiten sorgen dafür, dass die Marmorimitationen täuschend echt wirken. Neben sonntäglichen Besichtigungen steht die Kirche Besuchern bei Gottesdiensten und gelegentlichen Konzertveranstaltungen offen.

Vielseitige Einblicke in die Meppener Geschichte ermöglicht das Stadtmuseum an der Koppelschleuse.

36

Bootshaus Meppen
Widukindstraße 22
D-49716 Meppen
+49 (0)5931 2848
www.bootshaus-meppen.de
www.wsvm.de

Ein Balkon am Wasser

Restaurant *Bootshaus*

Meppen wird landschaftlich von Ems und Hase geprägt, was der ohnehin schönen Stadt zusätzlich zugutekommt. Auch die Gastronomie weiß die Nähe zum nassen Element zu schätzen. »Balkon am Wasser« lautet eine Bezeichnung für das Restaurant Bootshaus Meppen, und das hat einen triftigen Grund. Das Lokal liegt idyllisch unmittelbar an der Hase, nur wenige Meter von jener Stelle entfernt, wo der Fluss sich nach einer 193 Kilometer langen Reise mit dem Dortmund-Ems-Kanal vereint. Einige 100 Meter weiter mündet die Hase dann in die Ems.

Dieser Gewässerreichtum bringt ideale Trainingsbedingungen für Ruderer mit sich. Der 1923 gegründete Meppener Wassersportverein, der mit seinen 200 Mitgliedern zu den größten seiner Art im Emsland zählt, weiß das Bootshaus als Standort sehr zu schätzen. Während im Erdgeschoss schnittige Kähne lagern, lässt sich im ersten Stock gehobene Küche genießen. Vor allem bei sonnigem, warmem Wetter lädt der lang gezogene Balkon des Restaurants zum Verweilen ein und bietet einen schönen Ausblick. Während die verschiedensten Boote auf der Hase vorübergleiten, kann es sich der Gast bei leckeren Speisen gut gehen lassen. Das Ambiente ist modern und elegant, doch die historischen Bilddokumente des Meppener Wassersportvereins an den Wänden zeigen, dass sich die Inhaber der Tradition des Standortes bewusst sind.

An der offenen Theke mit Loungebereich lassen sich frisch zubereitete Cocktails in mondäner Atmosphäre genießen. Diese stimmige Kombination aus hochwertiger Gastronomie, maritimem Flair und ruhiger, naturnaher Lage machen dieses Restaurant zu einem wahren Lieblingsplatz.

Der Meppener Wassersportverein bietet auch Kurse für Anfänger an. Wer möchte, kann sich vor Ort informieren.

37

Höltingmühle
Am Nachtigallenwäldchen 2a
D-49716 Meppen

ZWISCHEN DEN WASSERN

Höltingmühle

Mit enormer Geschwindigkeit gleitet das Rennruderboot über die Wasserfläche des Dortmund-Ems-Kanals. Neugierig blicke ich ihm nach. Während sich die drei Insassen sportlich betätigen, genieße ich an meinem sonnenbeschienenen Plätzchen die Aussicht auf Kanal und Hase. Direkt hinter mir erhebt sich ein imposantes Bauwerk.

Die idyllisch gelegene Höltingmühle zählt zu den Wahrzeichen Meppens. Auf einer Landzunge zwischen Hase und Dortmund-Ems-Kanal errichtet, ist der Typ Wallholländer ein eindrucksvolles Beispiel für das sogenannte »Mühlenwandern«. 1960 wurde die Anlage auf Initiative der Stadt Meppen und des lokalen Schützenvereins vom oldenburgischen Kranenkamp bei Varel an ihren jetzigen Standort versetzt. Entstanden ist die Mühle allerdings bereits 1892. Gemahlen werden kann mit ihr heute zwar nicht mehr, doch zu besonderen Anlässen drehen sich die mächtigen Flügel noch immer im Wind.

Vom Meppener Zentrum aus ist das historische Bauwerk über den mit alten Bäumen bestandenen Stadtwall und eine den Kanal überspannende Fußgängerbrücke in kurzer Zeit erreichbar. Von der Brücke aus lässt sich die Landzunge samt Mühle aus einer schönen Übersichtsperspektive betrachten und bildet ein beliebtes Fotomotiv. Das Umfeld der Mühle kombiniert Ruhe und Belebtheit auf schönste Weise und lädt dazu ein, einen Zwischenstopp auf der Radtour einzulegen oder es sich für einen längeren Aufenthalt bequem zu machen. Ob lesend, picknickend, das Treiben auf dem Wasser beobachtend, es ist ein Ort zum Wohlfühlen. Einen reizenden Anblick bietet die Mühle ebenfalls in den Abendstunden, wenn sie im goldenen Scheinwerferlicht erstrahlt.

Von der Mühle aus lädt ein 2,8 Kilometer langer Naturlehrpfad mit seinen acht Stationen zu einem informativen Spaziergang ein. Der Weg führt durchgehend am Wasser entlang.

38

Kunstzentrum Koppelschleuse
An der Koppelschleuse 19
D-49716 Meppen
+49 (0)5931 7575
www.koppelschleuse-meppen.de

Kultur, Natur, Kaffeegenuss

Koppelschleuse und Kunstzentrum

Sie gilt als technisches Meisterwerk und ist noch in ihrem ursprünglichen Zustand zu besichtigen. Die zwischen 1826 und 1830 gebaute Meppener Koppelschleuse am Ende des ehemaligen Ems-Hase-Kanals ermöglichte den Schiffen den Abstieg in die Hase. Wassertretanlage, Barfußgang, Kräutergarten und ein Meditationsplatz in unmittelbarer Nähe sorgen heute für entspannte Erlebnisse. Die von Alleen gesäumte Umgebung eignet sich zudem hervorragend für Spaziergänge und birgt eine Menge kulturelle Angebote.

Nur wenige Schritte vom Wasserbauwerk entfernt befindet sich mit dem *Ausstellungszentrum für die Archäologie des Emslandes* ein für die Region bedeutendes Museum. Einer anschaulichen Zeitreise gleicht die Besichtigung der Exponate von der Ur- und Frühgeschichte des Emslandes bis ins Mittelalter. Zudem hält die Einrichtung zahlreiche spannende museumspädagogische Angebote bereit. Das Ausstellungszentrum ist Teil des *Kulturnetzwerks Koppelschleuse Meppen*, ebenso wie der *Meppener Kunstkreis e.V.* mit der *Kunstschule Koppelschleuse,* der in einem klassizistischen Gebäude der ehemaligen Wasserbauinspektion ansässig ist. Eingebettet in eine reizende Parklandschaft haben sich insgesamt fünf Partner zusammengeschlossen, um die kulturellen Potenziale zu bündeln und Besuchern attraktive Veranstaltungen zu bieten. Das auf dem Gelände ansässige Jugend- und Kulturgästehaus, die Stadt Meppen und die niederländische *Stichting Van Gogh & Drenthe* zählen ebenfalls dazu. Konzerte, Lesungen, Ausstellungen, Workshops und Seminare bilden ein breit gefächertes Angebot.

Kaffeespezialitäten, selbst gebackener Kuchen und andere Köstlichkeiten lassen sich wunderbar auf der Terrasse des Cafés *Koppelschleuse* genießen. Lassen Sie die tolle Atmosphäre dieses Ortes auf sich wirken.

Highlights im Jahr sind die Veranstaltungen auf dem Parkgelände, wie etwa das Museumsfest *ZeitSprünge* oder das Lichterfest. Ein Blick in das Programm des Kulturnetzwerks lohnt!

39

Naturschutzgebiet Borkener Paradies
Zum Paradies
D-49716 Meppen-Versen
www.borkener-paradies.de

EIN HIMMLISCHER FLECKEN ERDE

Naturschutzgebiet *Borkener Paradies*

Landschaftsmaler der Romantik hätten im *Borkener Paradies* sicherlich zahlreiche Motive gefunden. Bis in die Gegenwart hat sich das Gebiet seine Schönheit bewahrt. Über Jahrhunderte ließen Bauern des nahe gelegenen Ortes Borken an diesem Ort ihr Vieh weiden. Auf diese Weise entstand eine Hutelandschaft, die einst im gesamten nordwestdeutschen Raum verbreitet war. Heute sind diese besonderen historischen Kulturlandschaften nur noch selten zu finden.

Im *Borkener Paradies* endete die gemeinschaftliche Nutzung, auch »Allmende« oder »gemeine Mark« genannt, erst 1985. Danach erwarb das Land Niedersachsen den überwiegenden Teil des 1937 unter Naturschutz gestellten Terrains. Die in Meppen ansässige staatliche *Moorverwaltung Weser-Ems* stellte die weitere Beweidung mit Pferden und Kühen sicher. Sie erhält dadurch den parkartigen, offenen Charakter, der vielen gefährdeten Tier- und Pflanzenarten einen geeigneten Lebensraum bietet und zugleich die Besucher fasziniert.

Auf den Dünen wächst der selten gewordene Magerrasen ebenso wie die im August violett leuchtende Heide. Doch vor allem die urwüchsigen alten Eichen ziehen den Blick der Betrachter auf sich. Ihre knorrigen Äste bilden weit ausladende Kronen, von denen aus die hier anzutreffenden Nachtigallen ihren Gesang verbreiten können. Dieser ruhige, malerische Flecken Erde wird von einem alten Emsarm eingerahmt, der dem Naturparadies etwas Inselhaftes verleiht. Vor allem an sonnigen Morgenstunden im Frühling und Sommer entfaltet sich eine einmalige Atmosphäre. Ein Gang über den Rundweg lohnt aber zu jeder Tageszeit. Wer Naturgenuss abseits des Stadttrubels sucht, wird sich an diesem Ort wohlfühlen.

Die Anfahrt zum Naturschutzgebiet erfolgt über das Dorf Versen entlang der Straße *Zum Paradies*. Rund 120 Meter nach dem Ortsausgang führt ein nach links von der Straße abzweigender Pfad zur Hutelandschaft.

40

Veenpark
Berkenrode 4
NL-7884 Barger-Compascuum
+31 (0)591 324444
www.veenpark.nl

Museum Collectie Brands
Herenstreek 11
NL-7885 Nieuw-Dordrecht
+31 (0)591 393400
www.collectie-brands.nl

Neue Heimat im Hochmoor

Freilichtmuseum *Veenpark*

Es dauert einen Moment, bis sich die Augen an das Halbdunkel gewöhnt haben. Die Luft riecht nach Erde und kaltem Rauch. Karg ist die Plaggenhütte eingerichtet. Ein verschrammter Tisch, ein paar Stühle, Emaillegeschirr. Aufgeschichtete Torfsoden dienen als Brennmaterial an der offenen Feuerstelle. Ein kleiner, mit Stroh ausgelegter Verschlag zeugt davon, dass Mensch und Tier unter einem Dach zusammenlebten.

So sah es also aus, das häusliche Leben der ersten Moorkolonisten, die um 1870 ihr Einkommen durch die Torfgewinnung in der einsamen Moorlandschaft bestritten. *'T Aole Compas* lautet der Name des rekonstruierten Dorfes, das im niederländischen *Veenpark*, nahe der Ortschaft Barger-Compascuum, authentische Einblicke in die heute recht fremd wirkende Lebenswelt gewährt. Die 1966 gegründete Anlage umfasst zudem die neuere Siedlung Bargermond sowie ein per Feldbahn zugängliches Hochmoorgebiet. Mit 160 Hektar zählt das Freilichtmuseum zu den größten in Europa. Die Besucher können eine historische Kleinbahn nutzen, die vom Eingang aus beide Siedlungen ansteuert. Eine Fahrt mit dem Torfschiff ist ebenfalls möglich.

Bäckerei, Schmiede, Tante-Emma-Laden und Friseurgeschäft sind neben der Schule und Kirche nur einige der Einrichtungen, die besichtigt werden können. Die Innenausstattungen wirken bis ins Detail authentisch und bestehen durchgehend aus originalen Exponaten. Ein Rundgang macht deutlich, dass die Menschen im Moor, stärker als in anderen Regionen, auf Selbsthilfe angewiesen waren. Die Unterschiede zwischen dem älteren und dem jüngeren Dorf zeigen auf beeindruckende Weise, wie die Bevölkerung mit der wirtschaftlichen Entwicklung ihren Lebensstandard über die Jahrzehnte verbessern konnte.

Das ansprechende Museum *Collectie Brands* im nahen Nieuw-Dordrecht zeigt Zehntausende gesammelte Raritäten und Kuriositäten aus verschiedenen Orten und Zeiten. Es verfügt zudem über ein Café sowie einen schönen Park.

41

Van Gogh Huis
Van Goghstraat 1
NL-7844 Veenoord/
Nieuw Amsterdam
+31 (0)591 555600
www.vangogh-drenthe.nl

Noorderkerk
Vaart Noordzijde 139
NL-7833 Nieuw Amsterdam
www.noorderkerk.info

AUF DEN SPUREN DES GROSSEN MALERS

Museum *Van Gogh Huis*

Das Zimmer ist spartanisch ausgestattet: ein altes Bett, ein Stuhl, ein Schränkchen mit Waschgeschirr und ein karger Tisch. Auf dessen Platte ziehen ein Pinsel und eine offenbar eifrig genutzte Farbpalette die Aufmerksamkeit auf sich. Dennoch verrät auf den ersten Blick nichts, dass kein Geringerer als Vincent van Gogh in diesem einfachen Quartier in Veenoord/Nieuw Amsterdam zwischen Oktober und Dezember 1883 lebte und arbeitete.

In diesen zwei Monaten unternahm der damals Dreißigjährige ausgiebige Streifzüge durchs Moor und erkundete die Umgebung. Die karge Landschaft mit ihren Kanälen sowie weiten Torf- und Heideflächen findet sich auf einigen seiner Bilder wieder. Das *Van Gogh Huis* ermöglicht in dem restaurierten Gasthaus sowie dem Nebengebäude Einblicke in diese produktive Schaffensperiode des Malers, in der dieser rund 40 Werke erstellte. In den 23 Briefen, die der Künstler während seines Aufenthaltes verfasste, zeigt er sich beeindruckt von der schroffen Schönheit der Region.

Das *Van Gogh Huis* ist das einzige öffentlich zugängliche Gebäude der Niederlande, in welchem der Maler und Zeichner lebte. Entsprechend zählen ausführliche Informationen über seine Person und sein Werk zum Museumsangebot, an dem viele Ehrenamtliche mit Herzblut beteiligt sind. Sonderausstellungen, Führungen, Vorträge und Workshops bieten ein abwechslungsreiches Programm. So ähnlich wie im heutigen Restaurant *Het van Gogh Huis* wird der Künstler das Gasthaus wohl auch während seines Aufenthaltes erlebt haben. Dessen damals angemietetes Zimmer befindet sich im ersten Stock, der Weg in den Gastraum im Erdgeschoss war nicht weit. Mit seiner einfachen, aber stilvollen Innenausstattung versetzt das Lokal seine Gäste in jene Zeit zurück.

Machen Sie einen Abstecher zur *Noorderkerk* in Nieuw Amsterdam. Die 1925 erbaute protestantische Kirche besticht durch ihre expressionistische Architektur.

42

Restaurant 't Hoes van Hol-An
Oud Aalden 11
NL-7854 Aalden
+31 (0)591 371268
www.pannenkoekboerderij.nl

Künstlerdorf Zweeloo Stichting Kunstenaarsdorp Zweeloo
Burgemeester Tonkensstraat 10
NL-7851 Zweeloo
+31 (0)591 372299 (Tourist-Information)
www.kunstenaarsdorp-zweeloo.nl

Reetgedecktes Idyll

Restaurant *'t Hoes van Hol-An*

Die Erinnerungen an meinen ersten Aufenthalt in Oud-Aalden, dem ältesten Teil des Bauerndorfes Aalden, sind noch sehr lebendig. Staunend bin ich durch die stillen Straßen gelaufen, den Blick auf die liebevoll restaurierten alten Bauernhäuser mit ihren Reetdächern und gepflegten Gärten gerichtet. Die Sorgfalt, mit der sich ihre Eigentümer um sie kümmerten, war den Anwesen anzusehen, doch zugleich wirkten sie nicht künstlich oder auf Außenwirkung bedacht. Ich konnte mich damals nicht daran erinnern, jemals zuvor durch eine so malerische Siedlung spaziert zu sein.

Die unmittelbar an Aalden angrenzende Ortschaft Zweeloo weist ähnlich idyllische Flecken auf, die eine Entdeckungstour lohnenswert machen. Der Ort hat sich aufgrund der dort niedergelassenen Kreativschaffenden und Galerien zudem einen Namen als Künstlerdorf gemacht. Bereits Vincent van Gogh und Max Liebermann ließen sich wie viele andere Maler bei ihren Aufenthalten von der idyllischen Umgebung inspirieren. Heute hält unter anderem die Stiftung *Künstlerdorf Zweeloo* mit abwechslungsreichen Aktivitäten die Kulturtradition lebendig.

Wem nach einem Rundgang durch die Siedlungen der Magen knurrt, ist im Restaurant *'t Hoes van Hol-An* herzlich willkommen. Eine gute Küche und urige Gemütlichkeit zeichnen das Lokal aus. Seit 1668 besteht die Hofstelle, in der seit Mitte der 1960er-Jahre die verschiedensten Pfannkuchen, leckere Waffeln und andere regionale Spezialitäten serviert werden. Während besonders im Winter bei offenem Kaminfeuer die Sitznischen ein stimmungsvolles Plätzchen bieten, lockt bei wärmeren Temperaturen der lauschige Garten. Die friedliche Ruhe unter freiem Himmel wird lediglich von Blätterrauschen oder dem gelegentlichen Gackern frei laufender Hühner unterbrochen.

Auch die bezaubernden Nachbarorte Wezup, Benneveld oder Oosterhesselen lohnen mit ihren malerischen Häusern in jedem Fall einen Besuch.

48

Museumsdorf Orvelte
Tourist-Information
Dorpstraat 1a
NL-9441 Orvelte
+31 (0)593 322332
www.orvelte.net
www.drentslandschap.nl

De Hondsrug
UNESCO Global Geopark
Hunebedstraat 4a
NL-9531 Borger
+31 (0)599 725009
www.dehondsrug.nl

MALERISCH, AUTHENTISCH UND AUTOFREI

Museumsdorf

Vogelgezwitscher bildet bei meinem Gang durch die kopfsteingepflasterte Gasse eine entspannende Hintergrundmelodie. Kein Verkehrslärm stört die Idylle, und das hat einen triftigen Grund: Wer Orvelte einen Besuch abstatten möchte, muss sein motorisiertes Fahrzeug am Ortseingang zurücklassen. Fahrräder hingegen sind willkommen. Das Attribut »autofrei« leistet sicher einen wichtigen Beitrag dazu, dass das kleine Dorf als eines der schönsten in den Niederlanden gilt. Allerdings würden Pkws und Motorräder in einem Museumsdorf auch eher deplatziert wirken, und um ein solches handelt es sich bei dem 1363 erstmals urkundlich erwähnten Ort, der das ganze Jahr über frei zugänglich ist.

Rund 250 Menschen leben hier mit den zahlreichen Besuchern, die sich, wie ich, neugierig auf Erkundungstour begeben und dabei auch die schmucken Ateliers, Galerien und kleinen Handwerksbetriebe erkunden. Zahlreiche reetgedeckte Bauernhäuser mit tiefen Giebeln und dunkelrotem Klinker prägen das Ortsbild ebenso wie stämmige Eichen, in deren Schatten es sich in einem der gemütlichen Cafés hervorragend ruhen lässt. Sollte dabei Hufgeklapper ertönen, handelt es sich wahrscheinlich um die *Paardentram*, ein nostalgisches Kutschengespann, das Besucher durch das Dorf chauffiert.

Zentral liegt das charmante Dorfcafé *Warmolts*, während sich das Restaurant *De Drentse Heerlijkheid* etwas rustikaler zeigt. Ein besonders lauschiges Plätzchen ist der Hinterhof des Cafés *De Schenkerij*. Wer in dieser Idylle nächtigen möchte, kann im Ort unter mehreren gemütlichen Unterkünften wählen. Nicht nur Orvelte, auch seine Umgebung ist sehenswert. Zahlreiche Rad- und Wanderwege führen durch eine liebreizende Landschaft.

Der *UNESCO Global Geopark De Hondsrug*, auf dessen Markierung Orvelte liegt, begeistert mit viel Natur. Spannende Ausblicke verspricht der Baumkronenpfad nahe Drouwen.

44

Arends-Hof
Zur Grenze 6
D-49824 Laar-Esche-
brügge
+49 (0)5947 534
www.arends-hof.net

Grenzüberschreitende Bootsfahrten Vechtezomp
Anleger: Mühle Laar
Zur Mühle 10
D-49824 Laar
+49 (0)5943 9992915
www.vvv-emlichheim.com

STREICHELN UND FÜTTERN AN DER GRENZE

Arends-Hof in Eschebrügge

Am Coevorden-Piccardie-Kanal, direkt an der niederländischen Grenze, befindet sich der Arends-Hof. Auf seinem Gelände ist eine ungewöhnliche Vielfalt tierischer Vertreter zu Hause. Lambertus und Helga Arends, die das Anwesen in vierter Generation führen, haben sich auf die Zucht von alten Haustierrassen spezialisiert.

Gäste können Bunte Bentheimer Schweine, Walliser Schwarzhalsziegen oder Heckrinder entlang eines 500 Meter langen Rundweges aus nächster Nähe betrachten. Ebenso leben Schafe, Esel, Gänse und Enten auf der Anlage. Viele der Tiere sind zutraulich, können sich aber, bei Ruhebedarf, ganz einfach in ihre Ställe zurückziehen. Erholung wird demnach nicht nur für Menschen großgeschrieben. Natürlich kommen auf dem Arends-Hof vor allem Kinder auf ihre Kosten. Die Gunst der tierischen Bewohner lässt sich mit Futter schnell erwerben, das man vor Ort kaufen kann. Lohnenswert ist auch der kleine Rundweg durch das Freifluggehege, in dem Tauben, Wachteln, Goldfasane und Meerschweinchen anzutreffen sind.

Ein überaus empfehlenswerter Spaziergang lässt sich zudem vom Hof aus ins Nachbarland unternehmen. Die Grenze liegt nur 250 Meter entfernt, und genau dort ragt ein ungewöhnliches Bauwerk in die Höhe: Besteigt man den schiefen Holzturm, verlässt man automatisch Deutschland. Oben in den Niederlanden angekommen, lässt sich die schöne Aussicht auf den Kanal und die Landschaft genießen. Insgesamt sechs unterschiedliche Grenzerlebnisstationen sind entlang der deutsch-niederländischen Grenze der Grafschaft Bentheim zu finden. Wer nach der Turmbesteigung über die nahe hölzerne Brücke etwas weiter ins Nachbarland hineinschreitet, erreicht nach 120 Metern einen idyllischen See mit Sandstrand.

Eine Ausflugsfahrt über die Grenze ist mit einem historischen Flachbodenschiff auf der Vechte möglich. Der Anleger an der Mühle in Laar ist vom Hof rund sechs Kilometer entfernt.

45

Heimathaus Twist
Flensbergstraße 11
D-49767 Twist
Kartenvorbestellung unter
+49 (0)5936 454
www.heimathaus-twist.com

DIE BLUES-WELT ZU GAST BEI FREUNDEN

Heimathaus

»Blues-Mekka im Moor« lautet eine gängige Bezeichnung für das Heimathaus Twist. Was zunächst übertrieben klingen mag, entpuppt sich bei näherer Betrachtung als vollkommen zutreffend. Mit über 30 Konzerten jährlich sorgt das 1990 eröffnete Kulturzentrum für Aufmerksamkeit bei Musikenthusiasten – und das weit über die Region hinaus. Bekannt machten das Heimathaus Twist vor allem die Auftritte renommierter Blues-Virtuosen wie Chris Farlowe oder John Lee Hooker junior.

Künstler und Publikum schätzen gleichermaßen die persönliche, ungezwungene Atmosphäre. Zu dieser trägt sicherlich auch das ehrenamtliche Engagement der Mitglieder des Heimatvereins Twist bei, die mit viel Leidenschaft ihren Aufgaben nachgehen, etwa bei der Konzertvorbereitung, dem Getränkeverkauf oder bei der Betreuung der Musiker. Ohne diesen unentgeltlichen Einsatz wäre das anspruchsvolle Angebot des Kulturzentrums kaum zu realisieren. So viel Engagement fördert die öffentliche Aufmerksamkeit und musikalische Qualität. Konzertmitschnitte aus dem Heimathaus wurden bereits häufig deutschlandweit im Rundfunk gesendet.

Das Konzertangebot ist aber nicht auf Blues beschränkt. Weltmusik, Jazz, Folk, Rock, Country, Reggae und Chansons sind in dem restaurierten urgemütlichen Fachwerkgebäude ebenfalls zu hören. Eine bunte Mischung handgemachter Musik, die aus den unmittelbar angrenzenden Niederlanden ebenfalls zahlreiche Fans anzieht. Selbst aus anderen europäischen Staaten reisen Besucher in die im Naturpark *Bourtanger Moor-Bargerveen* gelegene Gemeinde, um hier ihre Lieblingsmusik live zu genießen. Die weltläufigen Klänge bringen somit am Rande des großen Moors Menschen aus den unterschiedlichsten Altersklassen, Schichten und Ländern zusammen. Allein das ist Gold wert.

Ein grenzenloses Radfahrvergnügen mit vielen Tourenmöglichkeiten bietet die über 600 Kilometer lange United Countries Tour. Die *Pionierroute* führt auch durch Twist.

46

Landgasthof Backers
Kirchstraße 25
D-49767 Twist-Bült
+49 (0)5936 904770
www.gasthof-backers.de

Kulinarische Genüsse aus der Region

Landgasthof Backers in Bült

Beim Griff ins Lebensmittelregal bevorzugen immer mehr Menschen regionale Produkte. Kurze Transportwege, eine ressourcenschonende Produktion und besonders schmackhafte Erzeugnisse sind dafür gute Argumente. Das gilt zunehmend auch für Restaurants. Die Vielfalt der regionalen Küche wiederzuentdecken und kreativ zu beleben, ist schon seit Langem erklärtes Ziel von Helmut Backers und seiner Frau Irene. Gemeinsam betreibt das Ehepaar mit ihrem Sohn Hendrik Backers in sechster und siebter Generation den Landgasthof Backers in Twist-Bült.

Hier, im Gebiet des Naturparks *Bourtanger Moor-Bargerveen*, begibt sich Helmut Backers auf eine Schatzsuche der besonderen Art. Dabei leisten ihm sein Ideenreichtum und zuweilen alte Kochbücher wertvolle Dienste. Dank ihrer Hilfe stößt er auf Rezepte, mit deren Hilfe er Anregungen für seine bodenständige und vielfach prämierte Küche gewinnt. Die Verwendung regionaler Zutaten ist ein wesentlicher Aspekt. So stammt das Fleisch etwa vom Archehof des nahen *Emsland Moormuseums*, auf dem unter anderem eine Herde Bunter Bentheimer Schweine beheimatet ist. Doch die Backers lassen es dabei nicht bewenden. Vielmehr kreieren sie aus den Produkten der Umgebung unverwechselbare kulinarische Genüsse. Küchenchef Helmut Backers bringt nur Speisen auf den Tisch, die tatsächlich auch Saison haben.

Als Mitglied der *Slow Food Chef Alliance* fühlen sich die Backers Qualität und Nachhaltigkeit gleichermaßen verpflichtet. »Gut, sauber, fair«, lautet das Motto der Slow-Food-Bewegung, für die Genuss und der Schutz von Umwelt und Natur zusammengehören. Im Landgasthof Backers kann der Gast die Verbundenheit mit der Region schmecken und in behaglichem Ambiente genießen.

Werfen Sie einen Blick in den kulinarischen Kalender, der mit besonderen Menü-Arrangements aufwartet. Für Übernachtungen stehen fünf neu gestaltete, liebevoll eingerichtete Hotelzimmer zur Verfügung.

47

Aussichtsturm Veenland
D-49767 Twist
Biegen Sie von der Schöninghsdorfer Straße auf Höhe der Hausnummer 55 in die unbenannte Feldstraße ein und folgen Sie dieser rund zwei Kilometer bis zum Parkplatz am Turm.

Internationaler Naturpark Bourtanger Moor-Veenland
Ordeniederung 1
D-49716 Meppen
+49 (0)5931 9250977
www.naturpark-moor.eu

FREIER BLICK INS VOGELPARADIES

Naturpark *Bourtanger Moor-Veenland*

Langsam senkt sich die Sonne dem Horizont entgegen. Ein Schwarm Saatgänse rauscht heran, um auf den großen Wasserflächen, die sich vor dem Aussichtsturm ausbreiten, zu landen und die Nacht zu verbringen. *Veenland* heißt das renaturierte Moorgebiet, das den niederländischen Teil des *Bourtanger Moores* umfasst. Es bildet mit seinen weiten Heidegebieten und den ungewöhnlich großen, offenen Wasserflächen ein bedeutendes Rückzugsgebiet für Zugvögel. Insgesamt 280 Vogelarten konnten beobachtet werden, einige davon bleiben den gesamten Winter.

Einst bildete das nach der nördlich gelegenen Festungsstadt Bourtange benannte Gebiet mit 3.000 Quadratkilometern das größte zusammenhängende Moor Westeuropas. Kultivierung und Torfabbau sorgten vor allem zu Beginn der 1950er-Jahre für einen starken Rückgang des Naturraums. Seit 2006 fasst der *Internationale Naturpark Bourtanger Moor-Veenland* die bereits bestehenden Moorschutzgebiete der Grenzregionen zusammen. Der Park bildet damit einen enorm großen Zufluchtsort für viele bedrohte Tier- und Pflanzenarten. Nicht nur Zugvögel fühlen sich in diesem nassen Habitat mit seinem nährstoffarmen Boden wohl. Zwischen Torfmoosen, Sonnentau und Pfeifengras schlängeln sich Ringelnatter und Kreuzotter, quaken Moorfrösche und geht die Sumpfohreule auf die Jagd.

Vom direkt an der deutsch-niederländischen Grenze stehenden, sieben Meter hohen Aussichtsturm lässt sich der Blick ins Nachbarland genießen, was vor allem bei Sonnenuntergang an wolkenfreien Abenden einen besonderen Zauber entfaltet. Das Wander- und Radwegenetz des *Veenlandes* lädt darüber hinaus zu Streifzügen ein, für die der Aussichtsturm einen idealen Startpunkt bildet.

200 Kilometer Radwege und 30 Kilometer Wanderpfade erschließen den Naturpark. Ranger bieten zudem Exkursionen zur Vogelbeobachtung an.

48

Emsland Moormuseum
Geestmoor 6
D-49744 Geeste-
Groß Hesepe
+49 (0)5937 709990
www.moormuseum.de

EIN MAMMUT IM MOOR

Emsland Moormuseum bei Groß Hesepe

Das Moor ist ein eigenwilliger Landschaftstyp. Unwirtlich und von bizarrer Schönheit stellte es für die Menschen seit jeher eine Herausforderung dar. Weite Flächen des Emslandes waren von ihm bedeckt, doch schon früh wusste der Mensch es durch Torfabbau für seine Zwecke zu nutzen. Heute bilden die verbliebenen Moore geschützte Rückzugsgebiete für bedrohte Tier- und Pflanzenarten. Diesen für die Region prägenden Wandel des Landschaftsbildes und der Lebensverhältnisse der Bevölkerung zeichnet das *Emsland Moormuseum* bei Geeste/Groß Hesepe anschaulich nach.

Bereits von außen überzeugt die Architektur und im Innern kann das größte Moormuseum Europas mit einem gelungenen Ausstellungskonzept und großzügigen Räumlichkeiten punkten. In den zwei Ausstellungshallen lässt sich anhand von Exponaten, Bildern und Tafeln die wechselvolle Beziehung zwischen Mensch und Moor im Emsland nachvollziehen. Zentrale Themen stellen der Torfabbau und die Siedlungsgeschichte dar. Wissenswerte Zusammenhänge über die Region vermitteln zudem die Informationen zum *Emslandplan*, der ab 1950 mit weitreichenden Strukturmaßnahmen die wirtschaftliche Entwicklung vorantrieb. Das imposanteste Ausstellungsstück des Museums kam dabei zum Einsatz und ist alles andere als ein Leichtgewicht. Der »Mammut« – so der passende Name des weltgrößten Pfluges zur Moorkultivierung – wiegt 30 Tonnen. 20 Jahre lang furchte er durch emsländischen Boden.

Dem entbehrungsreichen Leben der Moorbauern lässt sich dagegen auf einer neben dem Museum sorgfältig rekonstruierten Siedlerstelle samt Archehof nachspüren. Wer möchte, kann danach eine Wanderung ins Hochmoor unternehmen. Eine etwas bequemere Variante stellt die Fahrt mit der Feldbahn dar.

Das Moormuseum bietet ein breites Führungsangebot für alle Generationen. Regionale Spezialitäten werden im schönen Café serviert.

49

Kräuterhof Rosen
Zum Wald 12
D-49744 Geeste-Bramhar
+49 (0)5963 981060
www.kraeuterhof-rosen.de

Gemeinde Geeste
Am Rathaus 3
D-49744 Geeste-Dalum
+49 (0)5937 69106
www.geeste.de

KREATIVITÄT MIT DER KRAFT DER NATUR

Kräuterhof Rosen in Bramhar

Aromatische Düfte, liebevolle Dekorationen und selbst gemachte kulinarische Köstlichkeiten lassen sich auf dem Kräuterhof Rosen im Geester Ortsteil Bramhar genießen. Wer zudem entspannte Stunden in ländlicher Umgebung verbringen möchte, dem sei ein Besuch dieses schönen Platzes in jedem Fall empfohlen.

Viel Liebe zum Detail beweist die Geschäftsführerin Carolin Pleus bei der Pflege des Nutzgartens und der Gestaltung des gastronomischen Angebots gleichermaßen. Dass sich Kräuter und Kulinarik hervorragend ergänzen, belegen die schmackhaften Produkte, die sich auf dem schönen Außengelände des Hofes verkosten lassen. Dill, Basilikum, Petersilie, Schnittlauch, Melisse, Majoran sowie Thymian, Spitzwegerich oder Salbei werden hierfür frisch verwendet. Eine herzhafte Brotzeit wird auf diese Weise zu einem wahren Hochgenuss. Kaffee und selbst gebackener Kuchen stehen natürlich ebenfalls auf der Speisekarte.

Im Hofladen in der Remise können Besucher Kräuter, regionale hausgemachte Produkte wie Teemischungen und stilvolle Geschenkartikel erwerben. Der Kräutergarten, in dem neben Küchen- auch viele Heilpflanzen gedeihen, ist öffentlich zugänglich und kann besichtigt werden. Auf dem Hof finden im Verlauf des Jahres zudem zahlreiche Veranstaltungen statt, die durch die idyllische Atmosphäre Erlebnisse garantieren, die lange in Erinnerung bleiben. Bei Naturwerkstätten, die je nach Saison wechseln, werden zum Beispiel künstlerische Unikate erarbeitet. Osterfeuernacht und Mittsommerbuffet bilden weitere Höhepunkte. Abgerundet wird das vielfältige Programm durch Wanderungen und Vorträge.

Der nah gelegene, große Geester Speichersee lädt zum Baden, Segeln, Surfen und Tauchen ein. Die Wege rund um das Gewässer sind außerdem ideal für ausgiebige Spaziergänge.

Die wunderschöne Waldlandschaft des Naturschutzgebietes »Biener Busch« zwischen Geeste und Lingen grenzt direkt an die Ems

50

Alte Posthalterei
Große Straße 1
D-49808 Lingen
+49 (0)591 96692080
www.posthalterei-lingen.de

Emslandmuseum Lingen
Burgstraße 28b
D-49808 Lingen
+49 (0)591 47601
www.emslandmuseum.de

GESCHICHTE TRIFFT GASTRONOMIE

Restaurant *Alte Posthalterei* am Marktplatz

Als Orte des Austauschs, als Treffpunkte und Zentren eines Gemeinwesens haben Marktplätze eine besondere Funktion. Der Lingener Marktplatz erfüllt diese Aufgabe auf eine besonders ansprechende Art und Weise. Gesäumt von alten Bürgerhäusern, Cafés und kleinen Geschäften bietet er ungewöhnlich viel Raum und schöne Ausblicke inmitten der größten Stadt des Emslandes.

Ein städtisches Wahrzeichen befindet sich in exponierter Lage. Das zwischen 1555 und 1558 errichtete und 1663 umgebaute Rathaus ist mit seinen Treppengiebeln und der zweiflügeligen Freitreppe das auffälligste Gebäude am Platz. Seit 1952 erklingt in seinem Turm fünfmal am Tag ein Glockenspiel, seit 2002 ergänzt durch ein Figurenspiel, das sich täglich um 12, 15 und 18 Uhr in Bewegung setzt. Zu den geschichtsträchtigsten Bauten der Stadt zählt zudem die gegenüberliegende Alte Posthalterei. Das zweigeschossige Fachwerkhaus entstand 1653 als Poststation und wurde bis 1851 in dieser Funktion genutzt.

Das unter Denkmalschutz stehende Gebäude mit seinem schönen Walmdach wird seit Mitte 2014 vom Gastronom Markus Quadt und seinen Mitarbeitern als stilvolles Restaurant bewirtschaftet. Das gepflegte, rustikale Ambiente lässt noch viel von der ursprünglichen Inneneinrichtung erkennen. Die Küche ist, in einem zeitgemäßen Sinne, gutbürgerlich. Auf der monatlich wechselnden Speisekarte stehen saisonale und größtenteils mit regionalen Zutaten frisch zubereitete Gerichte. Wer zudem ungewöhnliche Biere zu schätzen weiß oder ausprobieren möchte, kommt in der *Alten Posthalterei* auf seine Kosten. Mein Tipp: Probieren Sie doch einmal eines der leckeren Rauchbiere.

Die Geschichte und Kultur Lingens und des südlichen Emslandes bereitet das in der Altstadt gelegene Emslandmuseum anschaulich auf. Von Lingen aus sind zudem die zahlreichen Sehenswürdigkeiten der Umgebung schnell erreichbar.

51

Altstadt-Führungen
beginnen oft am
Marktplatz Lingen
Am Markt
D-49808 Lingen

Tourist-Information
Neue Straße 3a
D-49808 Lingen
+49 (0)591 9144144
www.tourismus-lingen.de

KÖNIGSHÄUSER UND KLEINE KÄMPFER

Führungen durch die Altstadt

Dumpfe Trommelschläge hallen über den Lingener Marktplatz, eine Hellebarde blinkt im Sonnenlicht. Mehrere junge Männer mit schwarzen Stiefeln, Pluderhosen und spätmittelalterlich anmutenden Gewändern haben in einer Reihe Aufstellung genommen. Ihre entschlossenen Mienen werden nur ab und an durch ein schmallippiges Lächeln aufgelockert. Wehrhaft schauen die »Kivelinge« aus, und genau das ist auch ihre Absicht. In der ehemaligen Festungsstadt Lingen nahmen diese unverheirateten Bürgersöhne die Aufgabe wahr, im Verteidigungsfall auf den Wällen präsent zu sein. Die »kleinen Kämpfer« – so die zutreffendste Übersetzung des Begriffs »Kiveling« – mussten zudem regelmäßig Brandwache halten und im Fall eines Feuers beim Löschen helfen. Diese und weitere Informationen zur Lingener Geschichte verkünden die originell kostümierten Mannen bei einem Themenrundgang durch die Altstadt. Das *Historische Spektakulum* ist eine der spektakulärsten Touren im Rahmen des vielfältigen Führungsangebots.

Vom kleinstädtischen Treiben im Mittelalter über Konfessionsstreitigkeiten während der Reformation bis hin zu den Umwälzungen der Industrialisierung haben die verschiedenen Ereignisse und Episoden vielfältige Spuren im Stadtbild hinterlassen. Historisch gewandet präsentiert sich auch Bürgerin Brigitte, die als Stadtführerin manche Sage und Anekdote zu berichten weiß. *Auf den Spuren der Oranier* lautet hingegen der Titel eines Rundgangs, bei dem die architektonischen Zeugnisse des niederländischen Königshauses im Fokus stehen. Immerhin stand Lingen zwischen 1597 und 1702 unter der Herrschaft Oranien-Nassaus.

Mit diesem abwechslungsreichen Angebot können Besucher den verschiedensten Facetten der Lingener Vergangenheit auf erlebnisreiche Weise nachspüren.

Das Programm umfasst unter anderem eine Tour in plattdeutscher Sprache oder Führungen mit dem Fahrrad.

52

Campus Lingen der Hochschule Osnabrück
Fakultät Management, Kultur und Technik
Kaiserstraße 10c
D-49809 Lingen
+49 (0)591 80098402
www.hs-osnabrueck.de

Kunsthalle Lingen
Kaiserstraße 10a
D-49809 Lingen
+49 (0)591 59995
www.kunsthallelingen.de

EINE LUFTIGE UND LICHTE LERNLANDSCHAFT

Hochschulcampus

Außergewöhnliche Gebäude lösen zuweilen einen Wow-Effekt aus. Dieser stellt sich dann ein, wenn der visuelle Gesamteindruck überrascht und innehalten lässt. Genau das passierte, als ich den Lingener Hochschulcampus das erste Mal betrat. Seit seiner Eröffnung am 8. Oktober 2012 bietet er Studenten eine einmalige Lernlandschaft in denkmalgeschützten Hallen.

Ursprünglich waren die Lokrichthallen I. und II. Bestandteile eines riesigen Eisenbahnausbesserungswerkes, das von 1854 bis 1858 als Reparaturwerkstatt der Hannoverschen Westbahn erbaut und bis 1919 durch Neubauten erweitert wurde. Mit zeitweise über 2.000 Mitarbeitern zählte der Betrieb über viele Jahrzehnte zu den wichtigsten Arbeitgebern Lingens. 1990 erwarb die Stadt das Areal und begann mit umfangreichen Instandsetzungen und Renovierungsarbeiten. Die Eröffnung des Hochschulcampus schloss die Umbaumaßnahmen des ehemaligen Werksgeländes ab.

Dass anstelle von reparaturbedürftigen Dampfrössern Laptops und Beamer Einzug in die Hallen gehalten haben, bezeugt symbolhaft den allgegenwärtigen Strukturwandel, der auch das Emsland prägt. Die Industriegeschichte der Anlage blieb bei der architektonischen Umgestaltung aber stets im Blick. Alte Stahlträger und -streben blieben erhalten und kontrastieren heute mit hellem Stein. Die 200 Meter lange, 56 Meter breite und 15 Meter hohe Halle präsentiert sich hell und luftig. Unter dem Glasdach sind nach dem sogenannten *Haus-in-Haus-Prinzip* acht kleinere weiße Häuser gebaut worden.

Rote Sonnenschirme spannen sich über Pausenplätze, Magnolienbäume sorgen für grüne Farbtupfer. Die Studenten der an diesem Ort untergebrachten Fakultät Management, Kultur und Technik sollen sich schließlich wohlfühlen.

Die benachbarte Kunsthalle Lingen ist ebenfalls in einem restaurierten Teil des ehemaligen Industriegeländes untergebracht und überzeugt mit sehenswerten Ausstellungen.

58

Linus Lingen Wasserwelten
Teichstraße 18
D-49808 Lingen
+49 (0)591 916500
www.linus-lingen.de

AUSZEIT VOM ALLTAG

Linus Lingen Wasserwelten

In einer Feuerschale lodern Flammen, während sich Gäste im Naturteich nach einem Saunagang abkühlen. Ich nehme auf einer der Liegen Platz, genieße nach dem Schwitzen das wohlige Körpergefühl und die frische Abendluft.

Stimmungsvoll ist der Garten der *Linus Lingen Saunawelt* erleuchtet. Er bietet Erholungssuchenden wie mir eine entspannte Atmosphäre. Die architektonische Struktur, bei der Holz und Naturstein dominieren, ist sorgfältig abgestimmt und besticht durch Klarheit und Natürlichkeit. Das 6.000 Quadratmeter große Wohlfühlareal ist Bestandteil der *Linus Lingen Wasserwelten*, zu denen auch ein Sport- und Erlebnisbad zählt. Gemeinsam ist beiden Erlebnisräumen die Auszeit vom Alltag. Insgesamt sieben Saunen stehen Besuchern im Innen- und Außenbereich zur Verfügung, die sich durch ihre Temperatur, Gestaltung und Luftfeuchtigkeit unterscheiden. Während die Erlebnissauna mit abwechslungsreichen Aufgüssen aufwartet, geht es im *Sanarium* bei einer Temperatur zwischen 50 und 55 Grad etwas weniger heiß her. Die Panoramasauna mit Glasfronten besticht durch einen schönen Ausblick auf den Naturteich und den Park. Im rustikalen Ambiente der Erdsauna hingegen steht gemütliches Schwitzen mit Blick auf das flackernde Feuer auf dem Programm. Ein luftiger Spaziergang durch den Garten ist nach ihrem Besuch eine wahre Wohltat.

Für Abwechslung sorgt zudem das Dampfbad mit Sternenhimmel, während das Fußwärmebecken eine gute Durchblutung vor und nach dem Saunieren sicherstellt. Kulinarisch verwöhnen lassen können sich die Gäste im Bistro *Besser genießen*, bei passendem Wetter auf der Gartenterrasse. Alltagsstress ade, lässt sich da nur sagen.

Empfehlenswert sind die vielen »Sauna Specials« und Themenwochen, die etwa mit Ayurveda-, After-Work- und Massageangeboten für erholsame Stunden sorgen.

54

Kanu-Camp Lingen
Nordlohner Straße 1b
D-49808 Lingen
+49 (0)591 831214
www.kanucamp-lingen.de

Naturerlebnispfad im Naherholungsgebiet Lohner Sand
Zugang über die Nordstraße zwischen Lingen und dem Dorf Nordlohne
D-49835 Wietmarschen
www.nordlohne.org

FLUSSABWÄRTS LIEGT DAS ABENTEUER

Kanu-Camp

Fast lautlos über das Wasser gleiten und, vorbei an Wald, Wiesen und Weiden, die Natur genießen – es gibt gute Gründe, das Emsland mit dem Boot zu erkunden. Über 440 Kilometer erstrecken sich die Wasserwege für Kanuten, allesamt problemlos befahrbar und mit zahlreichen Anlegestellen versehen.

Um die Ausrüstung und Logistik eines solchen Ausflugs kümmern sich in der Region mehrere kompetente Anbieter. Eine Bootstour darüber hinaus mit Bogenschießen, Klettern oder einer Übernachtung in Blockhütten zu kombinieren, ermöglicht jedoch nur das Kanu-Camp Lingen. An der Schepsdorfer Emsbrücke am Stadtrand gelegen, bietet das baumbestandene Camp-Gelände zahlreiche naturnahe Freizeitaktivitäten. Im Mittelpunkt steht erwartungsgemäß das Paddelvergnügen. Vor dem Transfer zum Startpunkt führen erfahrene Lehrer in den Umgang mit Kanu und Paddel ein, zeigen Steuertechniken, geben Sicherheitsinstruktionen und verraten, wo sich auf den Streckenabschnitten eine Pause anbietet.

Um danach die Erlebnisse des Tages in Ruhe Revue passieren zu lassen, bietet sich ein abendliches Lagerfeuer im Kanu-Camp an. Auf dem Gelände mit Bootsanleger befinden sich zudem mehrere überdachte Grillplätze, ein kleines Café, Sanitäranlagen mit warmen Duschen, ein Kiosk, Kinderspielplatz und besagte Blockhütten zur Übernachtung. Die weitläufige Rasenfläche hinter dem Camp beherbergt die Bogenschießanlage. Hier wird das traditionelle Bogenschießen ausgeübt, wie es bereits seit Jahrtausenden existiert. Beim sonntäglichen Schnupperschießen können sich Interessierte in dieser uralten Technik versuchen. Kaffee und hausgemachter Kuchen wird derweil im Café serviert.

Der Naturerlebnispfad im Naherholungsgebiet *Lohner Sand* gewährt Einblicke in die regionale Flora und Fauna. Der passende Zugang befindet sich rund zwei Kilometer nordwestlich des Kanu-Camps.

55

Naherholungsgebiet Hanekenfähr
Ausgangspunkt am Emswehr Hanekenfähr
Am Wasserfall
D-49808 Lingen

Hotel Am Wasserfall
Am Wasserfall 2
D-49808 Lingen-Hanekenfähr
+49 (0)591 8090
www.hotel-am-wasserfall.de

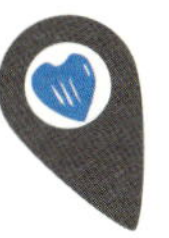

Wo der Wasserfall rauscht

Emswehr und Naherholungsgebiet Hanekenfähr

Der Morgenhimmel strahlt in herrlichstem Blau, als ich mich auf dem Rasen am Emswehr Hanekenfähr niederlasse. Ich blicke auf den lang gezogenen Wasserfall. Sein leises Rauschen wirkt wie eine beruhigende Hintergrundmelodie. Beständig strömen die Wassermassen, umspülen mit weißer Gischt die Steinaufschüttungen unterhalb des Wehrs, bevor sie wieder in ihre sanften Bahnen zurückfinden.

Nur an wenigen Orten in der Region lässt sich diese Gleichzeitigkeit von Bewegung und Beharrung, von Beruhigung und unbändiger Kraft beobachten. Vermutlich sind es genau diese nur scheinbar widersprüchlichen Eigenschaften, die das Wehr zu einem meiner Lieblingsplätze machen.

So wie mir geht es offenbar vielen. Nicht umsonst hat sich auf der Landzunge zwischen Ems und Dortmund-Ems-Kanal ein beliebtes Naherholungsgebiet samt Ferienhaussiedlung und Campingplatz entwickelt. Doch nicht nur der Wasserfall lockt Besucher an. Schöne Spazierwege durch die umliegende Natur wissen ebenfalls zu bezaubern, wobei der Weg zum kühlen Nass nie weit ist. Das nahe Industriegebiet stellt zwar optisch einen scharfen Kontrast zum Naherholungsgebiet dar, ist aber Bestandteil der Entwicklung dieses für das Wasserstraßennetz der Ems so wichtigen Standortes.

An der Landzunge vereinigen sich für einen kurzen Abschnitt Ems und Dortmund-Ems-Kanal. Zudem beginnt in Hanekenfähr der Ems-Vechte-Kanal, der heute jedoch nur für die Freizeitschifffahrt bedeutsam ist. Dass sich die Ems an dieser Stelle bei Hobbyskippern großer Beliebtheit erfreut, beweisen die zahlreichen Sportboote, die hier vor Anker liegen. Für Erkundungen entlang der grünen Ufer der Ems müssen Interessierte aber keinesfalls Bootsbesitzer sein. Von Anfang Mai bis Ende September starten an einer Anlegestelle nahe dem Hotel *Am Wasserfall* Schiffe zu Charter-, Rund- und Sonderfahrten.

Die Ausflugsboote *Haneken* und *Lingen* können auch für private Veranstaltungen gemietet werden. Das Hotel *Am Wasserfall* bietet sich als bequemes Übernachtungsquartier an.

56

Kulturzentrum Alte Molkerei
Kulturkreis impulse Samtgemeinde Freren e.V.
Bahnhofstraße 79
D-49832 Freren
+49 (0)5902 93920
www.impulse-freren.de

Saller See
Am Saller See
D-49832 Freren
www.seen.de/saller-see

BEGEISTERNDE IMPULSE

Kulturzentrum Alte Molkerei

Ohne Engagement und Eigeninitiative wäre ein lebendiges Kulturleben nicht möglich. Beispielhaft zeigt dies die Geschichte der Alten Molkerei in Freren. Mit circa 50 Veranstaltungen jährlich bildet das Zentrum einen bedeutenden und besonders vielseitigen Kulturort in der Region. Ob Konzerte, Kabarett- und Theaterabende, Flohmärkte, Vorträge oder Seminare – das Programm hat für alle Generationen und Geschmäcker etwas Passendes zu bieten. Zudem haben in der Alten Molkerei mehrere kulturelle Einrichtungen ihr Domizil gefunden. Rund 250 Mitglieder umfasst mittlerweile der *Kulturkreis impulse Samtgemeinde Freren e.V.*

Am Anfang stand die Idee, in dem teilweise verfallenen Gebäude der ehemaligen *Molkerei Brüne* ein soziokulturelles Zentrum für das südliche Emsland einzurichten. 1992 wurde der *Kulturkreis* mit dem Ziel gegründet, »musische Neigungen« zu fördern. Das dazu geplante Kulturzentrum stieß auf viel Zustimmung, doch stand die Samtgemeinde dem Projekt zunächst ablehnend gegenüber. Nach Gastspielen in Nachbarorten konnte die Einrichtung dann im Jahr 1997 mit einem kleineren Konzept unter dem Namen *Werkstattbühne Alte Molkerei* realisiert werden. In mehreren Bauabschnitten wurde in den Folgejahren das Gebäude den Bedürfnissen des Vereins angepasst, während bereits ein vielseitiges Programm das Publikum begeisterte. Unter anderem wurde die Butterhalle als großer Veranstaltungsraum saniert und ein Büro sowie ein Tanzstudio eingerichtet. Die Entwicklung des lebendigen Kulturzentrums hält an.

Neben der Musikschule, der Jüdischen Geschichtswerkstatt *Samuel Manne* und der Dauerausstellung *Lebenswege* ist im Gebäudekomplex auch die Kunstschule *Spiel und Kunst* ansässig, die mit ihren Kursen Kunst in vielen Facetten erfahrbar macht.

Das rund 3,5 Kilometer nördlich von Freren gelegene Erholungsgebiet um den Saller See bietet schöne, naturnahe Spazierwege und zahlreiche weitere Freizeitmöglichkeiten.

57

Landhausbrauerei Borchert
Heinrich-Schulte-Straße 2
D-48480 Lünne
+49 (0)5906 933490
www.landhaus-brauerei.de

REGIONALES BIERHANDWERK

Landhausbrauerei Borchert

Kerzen leuchten auf den gedeckten Holztischen, der Raum ist in warmes Licht getaucht. Gut gelaunte Gäste plaudern angeregt, während das köstlich duftende Essen aufgetragen wird. Die Atmosphäre ist rustikal und urgemütlich, die Stimmung gesellig, wie so oft in der Gaststube der Landhausbrauerei Borchert in Lünne. Die einzige Brauerei des Emslandes ist ein beliebter Anziehungspunkt für Besucher von nah und fern. Ihr Gerstensaft kann unmittelbar vor Ort verkostet werden, ist jedoch auch in Gastronomiebetrieben und Geschäften der Region und darüber hinaus erhältlich.

1996 gründete Ewald Borchert gemeinsam mit seiner Ehefrau Maria die Hausbrauerei, die sich seither als unabhängiges Familienunternehmen mit regionalen Bierspezialitäten einen Namen gemacht hat. Das handwerklich gebraute Frischbier in verschiedenen Variationen hebt sich deutlich vom üblichen Angebot ab. Der Brauvorgang wird in Lünne noch per Hand gesteuert und überwacht, standardisierte Computerprogramme kommen nicht zum Einsatz. Fernab vom Mainstream werden auf diese Weise geschmackvolle Biere kreiert, die weder filtriert noch pasteurisiert sind und dadurch ihr urtypisches Aroma behalten. Ergebnisse sind das würzig-frisch-herbe Emsländer Pilsener, das bernsteinfarbene Emsländer Braune und das herb-fruchtige Anselm Mandarina. Zwar ist die Haltbarkeit im Vergleich zu filtrierten Bieren kürzer, doch genau diese Frische und der einzigartige Geschmack zeichnet die Lünner Brauprodukte aus. Der bundesweite Trend hin zu handwerklich produzierten Bieren mit regionaler Verwurzelung unterstreicht dieses Interesse.

Mit ihrer Erlebnisgastronomie, originellen Gruppenarrangements und dem idyllischen Biergarten hält die Landhausbrauerei für Gäste ein vielseitiges Angebot bereit.

Zu empfehlen sind die informativen Brauereibesichtigungen. Eine Produktverkostung gehört natürlich mit zum Programm.

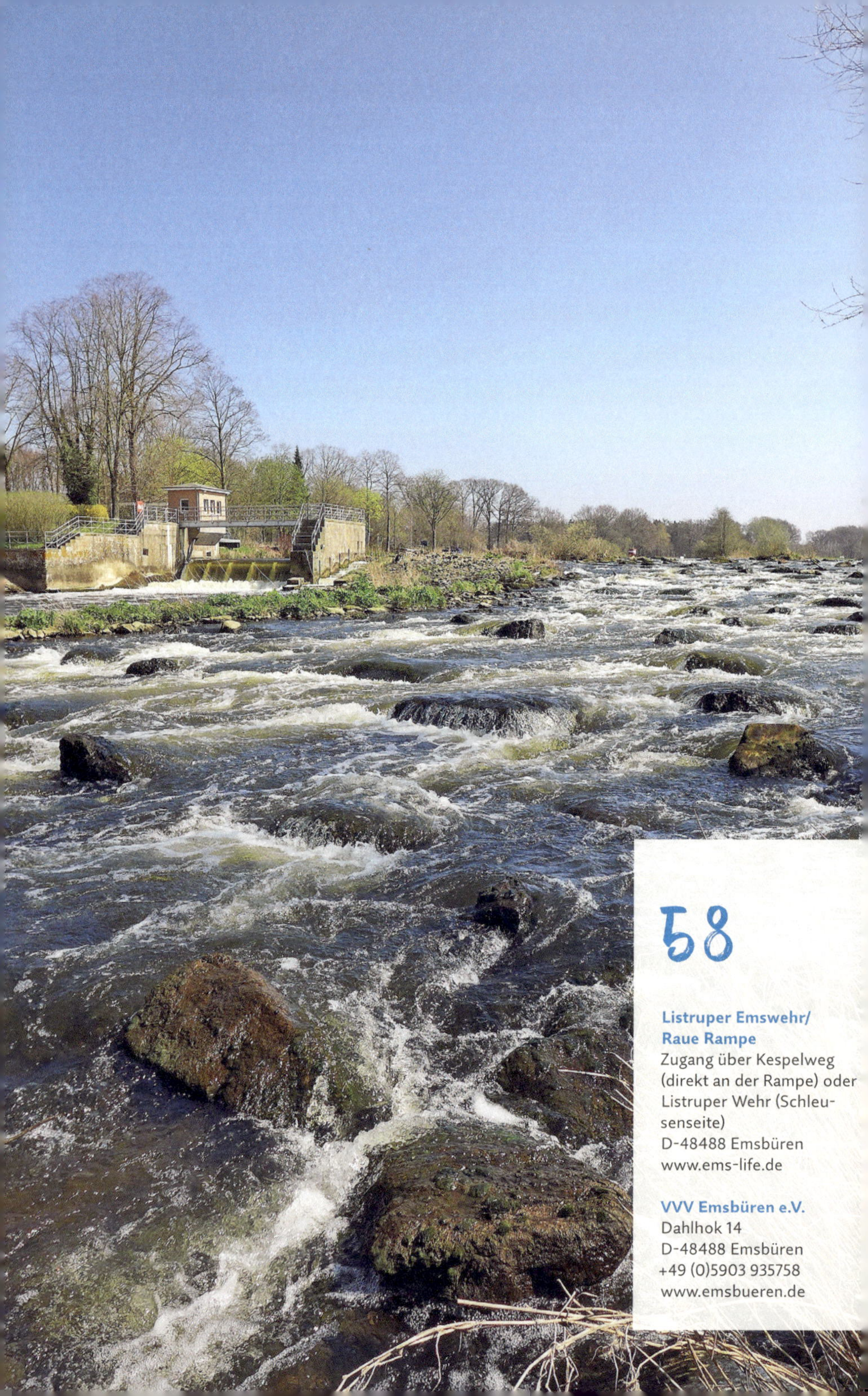

58

Listruper Emswehr/ Raue Rampe
Zugang über Kespelweg (direkt an der Rampe) oder Listruper Wehr (Schleusenseite)
D-48488 Emsbüren
www.ems-life.de

VVV Emsbüren e.V.
Dahlhok 14
D-48488 Emsbüren
+49 (0)5903 935758
www.emsbueren.de

WOHLGEFÜHL AM WILDEN WASSER

Raue Rampe

»Ankommen und den Ausblick genießen« – so könnte es lauten, das Motto für die Raue Rampe nahe dem kleinen Ort Listrup. Ein sanftes Rauschen erfüllt die Luft, als ich von meinem Fahrrad steige und auf einer Holzbank Platz nehme. Mein Blick fällt auf die zahlreichen moosbewachsenen Felsen im Fluss, die von schäumender Gischt umspült werden. Am Ufer wiegen sich Weiden im Sommerwind, sattgrüne Wiesen und Wald säumen den Fluss auf beiden Seiten. Für Radfahrer, Ruhesuchende und Romantiker präsentiert sich dieser Platz als naturnahes Idyll, das in seiner heutigen Gestalt vor allem einen ökologischen Zweck erfüllt. Den Fluss als ein zusammenhängendes System zu begreifen – diese Auffassung findet an diesem Ort ihre bauliche Entsprechung. Bis 2007 versperrte ein 2,40 Meter hohes Wehr Fischen den Weg flussaufwärts. Im Rahmen eines von der Europäischen Union geförderten Projektes wurde es zu einer Rauen Rampe umgebaut, um den Höhenunterschied des Flussbettes zu überwinden. Die Umgestaltung veränderte nicht nur das Gesamtbild des einstigen Bauwerks, sondern ermöglichte Lachsen, Meeresforellen und anderen Fischen wieder ungehindert die Wanderung.

Das Panorama an der Rampe wirkt ebenso beeindruckend wie entspannend. Auf der gegenüberliegenden Seite befindet sich eine Schleuse, die von 1825 bis 1828 zusammen mit dem Wehr errichtet wurde, um die Ems schiffbar zu machen. Befuhren Mitte des 19. Jahrhunderts noch zahlreiche *Emspünten* mit ihren Waren den Fluss, sind es heute gelegentlich einige Sportboote, welche die Schleuse nutzen. Das Gelände ist sehenswert, denn die Schleuse liegt an einer lang gezogenen Insel, auf der es sich unter alten Bäumen wunderbar entschleunigen lässt. Rund drei Kilometer lang ist allerdings der Weg bis dorthin, denn eine direkte Verbindung über den Fluss gibt es an dieser Stelle nicht.

Naturnahes Nächtigen direkt an der Ems ermöglicht der gepflegte Campingplatz zum Alten Fährhaus, Emsstraße 56. Er liegt rund 1,5 Kilometer nördlich der Rauen Rampe.

59

Heimathof Emsbüren
Ludgeristraße 2
D-48488 Emsbüren
+49 (0)5903 935758
(Anmeldung über Tourist-Information Emsbüren)
www.heimatverein-emsbueren.de

Enking's Mühle
Mühlenstraße 32
D-48488 Emsbüren
+49 (0)5903 281
www.enking.de

Vertrautes mit allen Sinnen erleben

Freilichtmuseum *Heimathof*

Sanft hügelig präsentiert sich die Landschaft in und um das rund 10.000 Einwohner starke Emsbüren. Mit mehreren Bauernschaften und malerischen Kirchdörfern wie Listrup oder Elbergen hat sich die Gemeinde ihren ländlichen Charakter über die Jahrhunderte bewahrt. Einblicke in das Leben und die Arbeit auf einer alten Hofstelle ermöglicht der *Heimathof Emsbüren*.

1974 begann der *Heimatverein Kirchspiel Emsbüren* mit dem Wiederaufbau eines niederdeutschen Hallenhauses aus dem Jahre 1766. Das mittlerweile aus acht Fachwerkgebäuden bestehende Ensemble bildet heute ein weitläufiges Freilichtmuseum. Sämtliche Bauten stammen aus der Region und wurden originalgetreu an ihrem neuen Standort, dem sagenumwobenen Galgenberg, wieder errichtet. An die ehemalige Hinrichtungsstätte erinnert allerdings nichts mehr. Stattdessen lässt sich von der Anhöhe der Ausblick auf das Zentrum Emsbürens und den hoch aufragenden Turm der gotischen St. Andreaskirche genießen. Neben einem Heuerhaus, einem Schafstall und einer Wagenremise ist auch die in den Jahren 2000 bis 2001 wiederaufgebaute Scheune sehenswert. Traditionelle Schmiedekunst kann hingegen regelmäßig in der Alten Schmiede erlebt werden. Ein Team aus erfahrenen Hobbyhandwerkern lässt das Feuer lodern. Heiß her geht es auch im Backhaus mit seinem Steinofen. Nach einem bis zu vier Stunden dauernden Anheizen werden für Gruppen knusprige Landbrote und leckerer Butterkuchen gebacken.

Angenehme Düfte verströmt der Heilkräutergarten. Auf einer liebevoll gestalteten Fläche von 2.000 Quadratmetern gedeihen rund 200 Heilpflanzen. Mit Informationstafeln und bei Führungen lassen sich deren vielfältige Nutzungsmöglichkeiten in Erfahrung bringen. Wer einfach nur die Pflanzenpracht genießen möchte, kann es sich auf einer der Bänke bequem machen.

Die liebevoll restaurierte *Enking's Mühle* verfügt über eine Pumpernickelbäckerei und verkauft im Mühlencafé samt Biergarten unter anderem die legendäre Pumpernickeltorte.

60

Gartenerlebnispark Emsflower
Carl-von-Linné-Straße 1
D-48488 Emsbüren
+49 (0)5903 935530
www.emsflower.de

BEFLÜGELNDE ERLEBNISSE

Gartenwelt *Emsflower* mit Schmetterlingshaus

Mehr als nur eine Ahnung vom enormen Artenreichtum der Schmetterlinge vermittelt die tropische Erlebniswelt des Gartenbauunternehmens *Emsflower*. Die fliegende Farbenpracht umfasst rund 1.000 Exemplare, die ansonsten in Costa Rica und Malaysia heimisch sind. Die tropisch gestaltete Anlage ist die jüngste Attraktion der Großgärtnerei, die in ihren verglasten Gewächshäusern einige Kilometer außerhalb von Emsbüren jährlich rund 300 Millionen Beet- und Balkonpflanzen produziert. Zudem baut das Unternehmen in großem Stil Gemüse an.

Das Besucherzentrum gewährt Einblicke in die Produktionsabläufe und ermöglicht zugleich einen Ausflug in exotische Gefilde. 1.000 Quadratmeter umfasst allein die Schmetterlingshalle. Künstliche Felsen, kunstvoll angelegte Gewässer und eine wuchernde Pflanzenpracht bieten nicht nur eine ansprechende Kulisse, sondern den Tieren auch einen geeigneten Lebensraum. Scheu zeigen sie sich nicht, offenbar haben sie sich an die Gäste gewöhnt. Aus nächster Nähe lässt sich etwa der Blaue Morphofalter beobachten, der nicht nur durch seine leuchtende Farbe, sondern auch durch seine Größe auffällt. An trüben Wintertagen wird ein Ausflug ins Schmetterlingshaus zu einem beflügelnden Erlebnis.

Der tropische Erlebnispark birgt aber noch weitere Höhepunkte. Der Weg führt durch üppige Pflanzenwelten, in denen sich Hunderte Jahre alte Olivenbäume ebenso finden wie sprießende Farne, exotische Sträucher und großzügig angelegte Volieren. Eine besonders große steht den Besuchern offen, die dort auf muntere Bergloripapageien treffen. Lauschige Lauben und Bänke laden in der gesamten Parklandschaft zum Verweilen ein. Wer durch die dichte Vegetation, über pittoreske Brücken und entlang plätschernder Wasserfälle schreitet, spürt die entspannende Wirkung dieses Platzes.

Für Gruppen wird ein interessantes Führungsprogramm geboten. Beliebt sind zudem die Tagesarrangements, bei denen der *Emsflower*-Besuch mit weiteren Aktivitäten in der Region verbunden wird.

61

Swin Golf Emsland und Bauernhofcafé In't Hürhus
Mehringen 19a
D-48488 Emsbüren
+49 (0)5903 6560
www.mehringerheide.de

EIN SCHWUNGVOLLES VERGNÜGEN

Swin-Golf-Platz Mehringer Heide

Dem Golfsport haftete lange Zeit eine Aura des Exklusiven an. Mittlerweile hat sich dieses Image gewandelt, obwohl er nach wie vor ein vergleichsweise kostspieliges Freizeitvergnügen bleibt. Günstiger und zudem in der Handhabung einfacher präsentiert sich eine Variante, die vor nicht allzu langer Zeit aus Frankreich nach Deutschland kam. Auf dem Platz *Mehringer Heide* südöstlich von Emsbüren kann jedermann sich in dem Trendsport versuchen.

Der Ball ist größer und weicher als beim traditionellen Golf und wird mithilfe eines Universalschlägers über das Feld bewegt. Die Unfallgefahr wird dadurch minimiert, die Treffsicherheit erhöht und die Flugstrecke überschaubar gehalten. Es gilt, den Ball mit möglichst wenigen Schlägen über unterschiedliche Spielbahnen bis hin zum finalen Loch mit der Zielfahne zu befördern. Eine Platzreife wie beim herkömmlichen Golfspiel ist ebenso wenig erforderlich wie eine Clubmitgliedschaft.

Auf dem weitläufigen Gelände des Swin-Golf-Platzes *Mehringer Heide* wird der gesellige Sport auf 18 Bahnen ausgeübt. Die nötige Ausrüstung ist vor Ort ausleihbar. Nach einer kurzen Einweisung kann unmittelbar mit dem Spiel gestartet werden. Spaß macht nicht nur das Golfen selbst, sondern auch die Bewegung in dieser herrlich ruhigen, naturnahen Umgebung. Zwischen zweieinhalb und dreieinhalb Stunden sollten für eine Runde eingeplant werden.

Danach empfiehlt sich der Besuch im Bauernhofcafé *In't Hürhus*. Unter schattigen Bäumen lassen sich Kaffee, selbst gebackener Kuchen und viele weitere Spezialitäten genießen. Das geschmackvoll im Landhausstil eingerichtete Haus ist auch für sich genommen einen Ausflug wert. Dem sportlichen Treiben kann dann von einem gemütlichen Platz aus zugeschaut werden.

Die Swin-Golf-Anlage und das Café liegen unmittelbar an den Radwanderwegen *Emsland-Route* und *Ems-Hase-Tour*. Sie eignen sich ideal für einen Zwischenstopp.

62

Emsfähre MehrLi
D-48488 Emsbüren
Am Mehringer Ufer befindet sich die Anlegestelle einen Kilometer südlich des Bauernhofcafés »In't Hürhus« in direkter Nähe des Emsradwegs. Auf der Listruper Seite führt ein Radweg an der Ortsdurchfahrt K 311 zur Fähre.

VVV Emsbüren e.V.
Dahlhok 14
D-48488 Emsbüren
+49 (0)5903 935758
www.emsbueren.de

EINE FARBENFROHE VERBINDUNG

Emsfähre *MehrLi*

Vor mir eröffnet sich das Panorama der ruhig dahinfließenden Ems vor einem strahlend blauen Himmel. Unmittelbar am Ufer hat ein außergewöhnliches, mit bunten Wimpeln geschmücktes Wassergefährt festgemacht und seine zwei Klappbrücken heruntergelassen. Einige Radfahrer haben es sich schon mit ihren Rädern »an Bord« bequem gemacht. *MehrLi* lautet der wohlklingende Name dieser Fähre, eine Kombination der Ortsnamen Mehringen und Listrup.

Zwischen diesen beiden Emsbürener Ortsteilen überquert *MehrLi* regelmäßig den Fluss. Einen Motor braucht sie dafür nicht. Spaziergänger und Radfahrer werden stattdessen mithilfe einer Seilwinde trockenen Fußes ans andere Ufer gebracht. Die Kurbel wird per Hand betätigt. Wer möchte, kann gerne mithelfen.

Was sich heute als ein entschleunigtes, bewusstes Freizeitvergnügen präsentiert, war in früheren Zeiten an der Ems eine Notwendigkeit ohne Alternative. Mangels Brücken gewährleisteten Fähren die Überfahrt. Sie bildeten fast immer die einzige Verbindung über den Fluss. Erst im Laufe des 19. Jahrhunderts wurden die zumeist kleinen Fähren durch den Bau von Holzbrücken ersetzt.

Heute dürfte es kaum noch jemandem Probleme bereiten, die Ems zu überqueren, doch nicht immer ist eine Brücke in unmittelbarer Nähe. Vor allem Radfahrer wissen deshalb das Fährangebot zu schätzen, das sich seit seiner Einführung im August 2011 großer Beliebtheit erfreut. Nebenbei können die Gäste den schönen Ausblick auf den Wasserlauf und die umgebende Natur genießen, und das ganz bequem. Von Anfang Mai bis Anfang Oktober ist *MehrLi* an Wochenenden und Feiertagen im Einsatz. Über 30 Ehrenamtliche wechseln sich in dieser Zeit beim Dienst ab und sorgen für eine sichere Überfahrt.

Außerhalb der regulären Zeiten können sich Gruppen ab zehn Personen beim Verkehrsverein Emsbüren melden und einen Fährdienst ordern.

63

Walderlebnispfad Stoverner Wald
Zugang über die
Steider Straße
D-48499 Salzbergen

Gemeinde Salzbergen
Franz-Schratz-Straße 12
D-48499 Salzbergen
+49 (0)5976 94790
www.salzbergen.de

Erlebnispfad *Stoverner Wald*

Der würzige Geruch dunkler Erde und feuchten Laubes liegt in der Luft. Zwischen hochgewachsenen Eichen und Buchen schlängelt sich vor mir der Weg durch das Gehölz. Das herbstliche Farbenspiel aus leuchtenden Gelb-, Orange- und Rottönen bietet einen prächtigen Anblick. Der Gutswald Stovern südlich von Salzbergen zählt zweifellos zu den schönsten Forstgebieten des Emslandes. Feuchter Eichen-Hainbuchen-Wald und Bestände des Waldmeister-Buchen-Waldes machen ihn zu einem mittlerweile selten gewordenen, wertvollen Naturraum.

Den Geheimnissen des weitläufigen Gebiets widmet sich der von der Gemeinde Salzbergen angelegte Walderlebnispfad. Auf einer Länge von 1,3 Kilometern können Naturinteressierte an 18 Stationen auf Entdeckungstour gehen. Farbig illustrierte Tafeln informieren unter anderem über die komplexen ökologischen Zusammenhänge, die Waldbewirtschaftung und die heimische Tierwelt. Die Wahrnehmung mit allen Sinnen kommt dabei nicht zu kurz. Das beste Beispiel dafür liefert das Holz-Xylofon, bei dem sich acht verschiedene Holzarten als wohlklingende Klangkörper entpuppen. Schulklassen finden in diesem luftigen Klassenzimmer die Möglichkeit, das gemeinsame Lernen doch einmal in die Natur zu verlegen. Ein Barfußpfad und ein Bienenhaus runden das Angebot ab.

Zahlreiche Waldwege laden dazu ein, den Spaziergang im Anschluss zu verlängern. Ein Ziel könnte das nah gelegene Gut Stovern sein. Der erstmals 1230 erwähnte Rittersitz ist ein dreiflügeliges Anwesen, das auf drei Seiten von einer Gräfte umgeben ist. Zwar wird das Gebäude privat bewohnt, doch einmal im Monat öffnet es seine Türen für Besucher. Auch die 1750 errichtete Kapelle kann an bestimmten Tagen und nach Vereinbarung besichtigt werden.

Der Walderlebnispfad ist ganzjährig begehbar. Eine Führung unter fachkundiger Leitung ist möglich. Die Gemeinde Salzbergen gibt hierzu gerne Auskunft.

64

Kloster Bentlage
Bentlager Weg 130
D-48432 Rheine
+49 (0)5971 918400
www.kloster-bentlage.de

Naturzoo Rheine
Salinenstraße 150
D-48432 Rheine
+49 (0)5971 1614819
www.naturzoo.de

HISTORISCH UND MÄRCHENHAFT SCHÖN

Kloster Bentlage mit Salinenpark

Natur- und Kunstgenuss mit historischem Flair sind im Naherholungsgebiet rund um das Kloster Bentlage und die Saline *Gottesgabe* garantiert! Die facettenreiche Kulturlandschaft am Rand der westfälischen Stadt Rheine lädt zu ausgedehnten Spaziergängen und Radtouren ein. Prächtige Eichenalleen führen zu der denkmalgeschützten Stiftsanlage, die sich nach sorgsamer Restaurierung als Kulturzentrum, Museum und beliebtes, aber nicht überlaufenes Ausflugsziel präsentiert.

1437 gegründet, wurde das Kloster 1803 zum Adelssitz umgestaltet. Die Stadt Rheine konnte es, samt umgebendem Bentlager Wald, 1978 käuflich erwerben. Der Ostflügel des Gebäudes birgt heute Kunstschätze und Dokumente zur Historie des Bauwerks sowie zur Kulturgeschichte Westfalens. Im Obergeschoss befindet sich die »westfälische Galerie«, die den Beitrag der Region zur modernen Malerei aufzeigt. Mit Ausstellungen, Lesungen und Konzerten versteht sich das Kloster als Ort des kulturellen Austauschs. Diesen nutzt unter anderem die *Europäische Märchengesellschaft e. V.*, die hier ihren Hauptsitz unterhält. Wer wiederum die Begegnung mit Mutter Natur sucht, den zieht es nach dem Kulturgenuss ins Freie, etwa in den Außenbereich des *Klostercafés Bentlage*. Nur einige Meter entfernt fließt die Ems, an deren Uferweg sich ein wunderschönes Panorama eröffnet. Nach 1,5 Kilometern erreichen Sie bereits Niedersachsen.

Entdeckungen und Naturgenuss auf Schritt und Tritt bietet auch das geschichtsträchtige Gelände rund um die nahe Saline *Gottesgabe*. In den gepflegten Gartenanlagen des Salinenparks lässt es sich herrlich entspannen und am Gradierwerk die salzhaltige Luft inhalieren. Das Führungsprogramm der Verkehrsvereins Rheine bietet viel Wissenswertes zu Park und Kloster.

Der an den Salinenpark angrenzende Naturzoo Rheine ist vom Kloster aus nach einem kurzen Spaziergang über den angrenzenden Schloßweg zu erreichen. Er ist für sein Engagement im Arten- und Naturschutz bekannt. Vor allem der Besuch des begehbaren Affenwaldes ist ein Erlebnis!

65

Die evangelisch-reformierte Kirche steht im Dorfzentrum
Haddorfer Straße/Dorf
D-48465 Ohne

Gemeinde Ohne
Wettringer Straße 8
D-48465 Ohne
+49 (0)5923 71230
www.ohne.de

DER KLEINE SEHNSUCHTSORT

Dorfzentrum

»Kein schöner Land in dieser Zeit, als hier das unsre weit und breit, wo wir uns finden wohl unter Linden zur Abendzeit …«, lauten die Zeilen der ersten Strophe des beliebten Volksliedes von Anton Wilhelm von Zuccalmaglio aus dem Jahr 1838. Text und Melodie bringen Melancholie und Wohlgefühl zugleich zum Ausdruck. Sie kamen mir nach Langem wieder in den Sinn, als ich eines Sommerabends über den von Linden bestandenen kleinen Marktplatz von Ohne schritt und dessen ruhige Atmosphäre und das harmonische Ambiente auf mich wirken ließ.

Das älteste Dorf der Grafschaft Bentheim löst durch seine Beschaulichkeit das Gefühl aus, eine Zeitreise in frühere Jahrhunderte zu unternehmen. Auf relativ kleiner Fläche entfaltet sich eine klare dörfliche Struktur. Eine Dorfweide, gepflegte historische Bürgerhäuser, die alte evangelisch-reformierte Kirche und zwei Gasthöfe prägen das Bild. Einer von beiden, der Gasthof *Dreihus*, zählt mit seiner rund 400-jährigen Familientradition zu den ältesten der Region. Er bietet nicht nur eine exquisite Küche und behagliche Gastlichkeit, sondern auch eine idyllische Außenterrasse unmittelbar am Marktplatz.

Für lange Zeit bildete Ohne den Knotenpunkt zweier Handelsstraßen und beherbergte eine wichtige Zollstation zwischen den Königreichen Hannover und Preußen. Heute verläuft unweit des Ortes die Grenze zwischen Niedersachsen und Nordrhein-Westfalen. Der Spaziergang durch den Dorfkern lässt sich bequem in Richtung der Vechte fortsetzen, die in unmittelbarer Nähe fließt. Eine Holzbrücke ermöglicht deren Überquerung. Vor allem an lauen Sommerabenden, wenn die Schwalben über die Kirchturmspitze jagen und der Sandstein des Gotteshauses im goldenen Licht erstrahlt, eröffnet sich an diesem Platz ein malerisches Panorama.

Die Umgebung Ohnes lädt zu vielfältigen Erkundungen ein, etwa zu den nahen Haddorfer Seen, in den geschichtsträchtigen Gemeinschaftsforst Samerrott oder zu den beeindruckenden Skulpturen des Kunstprojekts *raumsichten*. www.kunstwegen.org

66

Else am See
Drievordener Straße 95
D-48465 Schüttorf
+49 (0)5923 9955615
www.elseamsee.de

Schüttorfer Riese
Aussichtsplattform der evangelisch-reformierten Kirche St. Laurentius
Kirchgasse 1
D-48465 Schüttorf
www.reformiert-schuettorf.de
www.pluspunkt-schuettorf.de

GAUMEN- UND AUGENSCHMAUS AM WASSER

Restaurant *Else am See*

Nein, ein Geheimtipp ist das im August 2015 eröffnete *Else am See* wahrlich nicht mehr. Innerhalb kürzester Zeit hat sich das Restaurant zu einem trendigen Treffpunkt entwickelt. Die Gründe für diesen Erfolg liegen auf der Hand: Das perfekt in die Landschaft eingefügte Gebäude ist eine echte Augenweide, und das innen wie außen. Bauhaus- und Naturhausstil gehen hier eine harmonische und innovative Verbindung ein. Für nahezu mediterranes Flair sorgt die einmalige Lage direkt am Quendorfer See. Mit seinem breiten und feinen Sandstrand ist dieser ein beliebtes Badedomizil, erfreut sich aber auch bei Spaziergängern großer Beliebtheit.

Von jedem der 100 Plätze auf der Terrasse und den 160 Plätzen im Innern lässt sich der Blick auf das Wasser genießen. Ein Restaurantbesuch bekommt dadurch Kurzurlaubsqualitäten. In kulinarischer Hinsicht überzeugt die Location mit einer frischen, internationalen Küche. Holz, Stein, Glas und Stahl sind die dominierenden Materialien, die dem Restaurant Gemütlichkeit und Eleganz verleihen. Filz und Leder bei der Bestuhlung vervollständigen den stimmigen Gesamteindruck. Künstlerisch inspiriert wirkt auch die mit viel Aufwand konstruierte Akustikdecke. In Netzen, die an der Terrasse angebracht sind, können Gäste zudem direkt über dem See die Seele baumeln lassen.

Deutlich über zwei Millionen Euro haben die Gebrüder Bösch nach langer Planungsphase in ihr Restaurant investiert. Die beiden bodenständigen Unternehmer betreiben in Schüttorf seit 1988 außerdem die überregional bekannte Diskothek Index. Hinter dem ungewöhnlichen Namen ihres beliebten Lokals steckt eine einfache Erklärung: Else lautet der Name der Mutter der insgesamt vier Bösch-Geschwister.

Wer hoch hinaus möchte, kann den *Schüttorfer Riesen* besteigen: Die Aussicht vom Turm der St. Laurentiuskirche weit über die historische Innenstadt Schüttorfs ist beeindruckend. Anmeldung über das Gemeindebüro oder den Stadtmarketingverein *Pluspunkt Schüttorf*.

67

Beim Waldbauern
Waldstraße 25
D-48465 Quendorf
+49 (0)5923 4782
www.beimwaldbauern.de

Hute- und Schneitelwald Bad Bentheim
Am Bade 4
D-48455 Bad Bentheim
www.hutewald-bentheim.de

ENTSPANNUNG AM WALDRAND

Café-Restaurant *Beim Waldbauern*

Der Bentheimer Wald ist einer der drei größten naturnahen Wälder im westlichen Niedersachsen. Hainbuchen und Eichen prägen sein Bild, kleine Bachläufe plätschern und auf den feuchten Waldwiesen äsen Rotwild und Rehe. Ein Netz von gut beschilderten Wegen erschließt das Landschaftsschutzgebiet, das sowohl für Wanderer als auch für Radfahrer abwechslungsreiche Strecken bietet.

Am nordwestlichen Rand des Waldes, eingebettet in eine idyllische, ländliche Umgebung liegt das Café-Restaurant *Beim Waldbauern*. Die Hofanlage weist eine jahrhundertelange bäuerliche Tradition auf. Heute entspannen hier Gäste bei gutem Essen und mit Blick auf Wiesen, Wald und Weiden. Die Sonnenterasse ist dabei ebenso einladend wie die direkt angrenzende Rasenfläche mit ihren rustikalen Holzbänken.

Wer während einer Radtour oder Wanderung *Beim Waldbauern* einkehrt, freut sich vermutlich vor allem über die deftige, gutbürgerliche Küche, deren Gerichte im Freien besonders gut schmecken. Ein Spielplatz und ein Wildgehege sorgen zudem bei den jüngsten Gästen für Abwechslung.

In der kalten Jahreshälfte lässt sich im Wintergarten oder in der Nähe des Kamins die gemütliche Stimmung genießen. Saisonale Aktionen zur Grünkohl- oder Spargelzeit sowie gelegentlich stattfindende, größere Veranstaltungen auf dem Außengelände gehören ebenfalls zum Programm. Mich überzeugt nicht nur die gastronomische Qualität, sondern auch die wohltuende Abgeschiedenheit dieses Ortes, an dem die Zeit, zumindest eine Weile lang, stillzustehen scheint. Wer nach dem Besuch noch den nahen Wald erkunden möchte, dem sei der Walderlebnispfad empfohlen, der in unmittelbarer Nähe verläuft und über die lokale Flora und Fauna aufklärt.

Zu empfehlen ist eine Wanderung zum Bentheimer Hute- und Schneitelwald nahe des Kurparks. Dieses vom Tierpark Nordhorn betreute Areal macht die alte Kulturform der »Waldweide« wieder erlebbar.

68

Burg Bentheim
Schlossstraße
D-48455 Bad Bentheim
+49 (0)5922 5011
www.burg-bentheim.de

Sandsteinmuseum Bad Bentheim
Funkenstiege 5
D-48455 Bad Bentheim
+49 (0)5922 994277
www.sandsteinmuseum-badbentheim.de

EINE FESTUNG WIE AUS DEM BILDERBUCH

Burg Bentheim

Schon von Weitem zeichnet sich die Silhouette der Burg Bentheim vor dem blauen Himmel ab. Als größte Höhenburg Nordwestdeutschlands bietet sie mit ihren Türmen und Mauern einen prächtigen Anblick und prägt das Antlitz der idyllischen Kurstadt.

Seit über 500 Jahren befindet sich das auf einem Sandsteinfelsen thronende Wahrzeichen im Besitz des Fürstenhauses von Bentheim und Steinfurt. Seine wechselvolle Geschichte spiegelt sich auch in der Architektur, die ganz unterschiedliche Bauphasen erkennen lässt. Hinter den Mauern verbergen sich zahlreiche historische Kostbarkeiten. Wer die großzügige Vorburg durchquert und durch das Tor in den weiten Innenhof schreitet, fühlt sich in ferne Zeiten versetzt. Genau so habe ich mir als Kind eine Ritterburg vorgestellt.

Ein wunderbarer Rundblick lässt sich auf der Plattform des 30 Meter hohen Pulverturms genießen, dessen Besteigung über enge Holztreppen allerdings etwas Überwindung kostet. Besonders imposant wirkt der im Südwesten gelegene runde Batterieturm, hinter dessen dicken Mauern Kanoniere im Verteidigungsfall ihre Geschütze bedienten. Prachtvoll präsentiert sich zudem die sogenannte »Kronenburg«, die als Wohnflügel genutzt wurde. In ihrer heutigen Form ist sie allerdings erst durch Baumaßnahmen zwischen 1883 und 1914 entstanden. Dabei wurde der bereits bestehende Wohnbereich der Hausherren im Stil des Historismus umgestaltet. Zu seinen repräsentativen und romantischen Räumlichkeiten zählen der Rittersaal, ein liebevoll eingerichtetes Schlafgemach und der geschichtsträchtige Ernst-August-Salon. Der Remter, ein Saal im Obergeschoss mit beeindruckendem Kreuzrippengewölbe, birgt noch viel mittelalterliche Bausubstanz. Einen Besuch lohnt ebenfalls der nördlich der Burg liegende Schlosspark mit seinen gepflegten Grünanlagen.

Ein Kunstwerk der Natur sind die Sandsteinfelsen an der Westseite der Burg Bentheim, die über eine Treppe zugänglich sind. Das unterhalb gelegene Sandsteinmuseum sollten Sie sich nicht entgehen lassen!

69

Museum am Herrenberg
Am Herrenberg 1
D-48455 Bad Bentheim
+49 (0)5922 9941988
www.museumamherren-berg.de

Stadtführungen vermittelt die **Touristinformation Bad Bentheim**
Schlossstraße 18
D-48455 Bad Bentheim
+49 (0)5922 98330
www.badbentheim.de

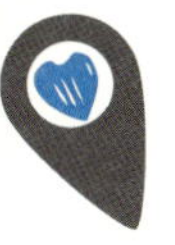

IM ANGESICHT DER ALTEN MEISTER

Museum am Herrenberg

Unterhalb der Bentheimer Burg befindet sich in einem aufwendig restaurierten Gebäude ein bemerkenswertes Museum. Die Ausstellung umfasst zahlreiche Gemälde niederländischer Meister. Die Zeitspanne der ausgestellten Werke reicht vom 17. bis ins 19. Jahrhundert. Gut ausgeleuchtet können sie aus nächster Nähe in Augenschein genommen werden.

Vor allem im 17. Jahrhundert zeichnete sich die niederländische Malerei durch eine enorme Produktivität aus, die europaweit beispielslos blieb. In dieser als »Goldenes Zeitalter« bekannten Ära sorgten Wirtschaftswachstum und ein entsprechend wohlhabendes Bürgertum für eine enorme Nachfrage an Gemälden. Bürger gaben Familienbilder, Porträts, Landschaftsszenen und Stillleben in Auftrag, und die Künstler lieferten diese in großer Zahl.

Romantisch inspiriert, dennoch realitätsgetreu und von erstaunlicher Liebe zum Detail präsentieren sich die im Museum ausgewählten Werke. Der Betrachter taucht ein in die damalige Welt, in der noch keine Motoren dröhnten, sich die Niederlande aber – trotz der in leuchtenden Farben festgehaltenen Idylle – als wirtschaftlich mächtige Handelsnation betätigten. Stiche und Delfter Fayencen, kunsthandwerklich hergestellte Keramik, gewähren zudem Einblicke ins kreative Schaffen der Niederlande jenseits der Malerei.

Schon in seiner Studienzeit zeigte sich Rolf Sawatzki, Stifter des 2013 eröffneten Museums, von den niederländischen Künstlern und ihren Werken begeistert. Nach und nach begann er, eine eigene Gemäldesammlung aufzubauen. Der Diplomingenieur war es auch, der das heutige Museumsgebäude erwarb, ausbauen ließ und Teile seiner Sammlung in die *Stiftung Rolf Sawatzki* einbrachte. Mit seinen 50 Gemälden verfügt das Museum über einen beachtlichen Bestand, der zu intensiver Betrachtung einlädt.

Spaziergänge durch die Gassen und Stiegen der malerischen Burgstadt Bad Bentheim sind auch im Rahmen von Führungen möglich, unter anderem mit dem Nachtwächter.

70

Otto-Pankok-Museum im Alten Rathaus
Neuer Weg 7
D-48455 Bad Bentheim-Gildehaus
+49 (0)5924 6128 oder
+49 (0)5922 4151 (Führungen)
www.pankok-museum.de

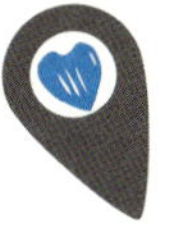

FACETTENREICHES FORUM FÜR DIE KUNST

Otto-Pankok-Museum in Gildehaus

Kraftvoll reckt sich der Arm in die Höhe, in der Hand einen markanten Fisch haltend. *Butt im Griff* lautet der Titel jener Plastik, die niemand Geringerer als Literaturnobelpreisträger Günter Grass formte. Seit dem Jahr 2003 erhebt sie sich unmittelbar vor dem Eingang des Alten Rathauses im Bad Bentheimer Ortsteil Gildehaus. Sechs Jahre zuvor öffnete das Otto-Pankok-Museum in dem denkmalgeschützten Gebäude seine Pforten.

Der expressionistische, sozialkritische Künstler Otto Pankok (1893–1966) unterrichtete Grass zwischen 1949 bis 1952 an der Düsseldorfer Kunstakademie und beeinflusste dessen Schaffen nachhaltig, wie der Schriftsteller bei einem Besuch in Gildehaus 2003 selbst bestätigte. Im Sommer 1936 fand Pankok im Dorf eine zeitweilige Zuflucht vor den Nationalsozialisten, die sein Werk als »entartet« brandmarkten. Die idyllische Landschaft und das historische Ortsbild inspirierten den gebürtigen Mülheimer. Rund 100 großformatige Kohlegemälde mit Motiven aus der näheren Umgebung entstanden in dieser Zeit – und das, obwohl Pankok mit einem Arbeitsverbot belegt war. Der für ihn typische expressive und zugleich realistische Stil prägt auch seine Bilder in dieser Schaffensperiode.

Mit wechselnden Ausstellungen präsentiert der Museumsverein das Gesamtwerk des vielseitigen Künstlers. Neben Kohlezeichnungen zählen hierzu Holzschnitte, Lithografien, Bildhauereien und politische Karikaturen. In den hellen Räumen entfalten die Exponate ihre ganz eigene Aura. Überregional bekannt ist das Museum ebenfalls für seine zahlreichen Sonderausstellungen, bei denen vor allem Künstler aus dem Umfeld Pankoks wie Otto Dix, Käthe Kollwitz oder Ernst Barlach gezeigt werden. Aber auch heimische Kunstschaffende finden im Alten Rathaus ein Forum. Lesungen und Konzertveranstaltungen runden das facettenreiche Programm ab.

Dass der staatlich anerkannte Erholungsort Gildehaus den Beinamen »Perle der Grafschaft« zu Recht trägt, lässt sich bei einem Rundgang durch das nahe Zentrum erleben.

71

Ostmühle
Mühlenberg 6
D-48455 Bad Bentheim-Gildehaus
+49 (0)5922 98330
www.ostmuehle-gildehaus.de

Friedrich-Hartmann-Museum
Am Mühlenberg 1
D-48455 Bad Bentheim-Gildehaus
+49 (0)152 53966497
www.friedrich-hartmann-museum.de

STURMFEST UND SCHÖN ANZUSEHEN

Ostmühle in Gildehaus

Für eine steinerne Mühle braucht es zuweilen einen Sturm – so in etwa ließe sich, überspitzt formuliert, die Entstehungsgeschichte der Gildhauser Ostmühle zusammenfassen. In einer Sturmnacht 1747 zerstörten heftige Winde den hölzernen Vorgängerbau. Daraufhin fiel die Wahl auf wetterfesten Bentheimer Sandstein. 1749/50 wurde der sogenannte Erdholländer fertiggestellt, der sich bis 1913 im Besitz des Grafen Friedrich Karl zu Bentheim befand. In der Folge von verschiedenen Pächtern geführt, thront der wuchtige Turm noch heute sturmfest auf dem Mühlenberg im Bad Bentheimer Ortsteil.

Ironischerweise war es 1939 wieder ein Sturm, der die hölzernen Flügel der steinernen Mühle zerstörte. Daraufhin wurde die Anlage für den Betrieb mit Elektromotor umgerüstet. Neue Flügel und eine Windrose wurden erst 1966 wieder angebracht. Dem Landkreis Grafschaft Bentheim gelang es schließlich 1984, das Bauwerk mit dem umliegenden Grundstück zu erwerben. Mit viel Aufwand wurde es restauriert und soweit wiederhergerichtet, dass wieder gemahlen werden konnte. Seit 1986 wird die Mühle von ehrenamtlichen Hobbymüllern betrieben, die sich mit viel Einsatz engagieren und die 24 Meter langen Flügel je nach Bedarf in Schwung bringen. Im historischen Backhaus nebenan wird von April bis Ende September samstags Brot zubereitet. Die Freizeitbäcker lassen sich gerne bei der Arbeit über die Schulter schauen. Wer möchte, kann frische Laibe vor Ort käuflich erwerben.

Nicht nur die Ostmühle macht für mich einen Ausflug an diesen Platz zu einem eindrucksvollen Erlebnis, sondern darüber hinaus das nette Café-Restaurant direkt daneben sowie die Schönheit der Umgebung. Das offene Gelände ermöglicht einen unverbauten Blick nach Nord und Süd. Neben der guten Aussicht lockt die lang gezogene, malerische Allee, die entlang des Bergkammes verläuft.

Das nahe Friedrich-Hartmann-Museum in der wildromantischen Lukasmühle erinnert mit zahlreichen Exponaten an das Werk des in Gildehaus verstorbenen Malers.

72

Arboretum Poort Bulten
Informationszentrum
Natuurmonumenten
Lossersestraat 66
NL-7587 De Lutte
+31 (0)541 554670
www.natuurmonumenten.nl

Eiscafé La Venezia
Plechelmusstraat 2
NL-7587 De Lutte
+31 (0)610038626
www.ijssalonlavenezia.nl

WEIT GEREIST UND HOCHGEWACHSEN

Arboretum *Poort Bulten*

In der niederländischen Gemeinde De Lutte geht es beschaulich zu. Eine gepflegte Siedlung mit einigen Restaurants samt Außengastronomie in der Ortsmitte prägt das Bild. Eine echte Besonderheit befindet sich am Dorfrand: Das Arboretum *Poort Bulten* umfasst mit rund 2.500 Pflanzen eine der schönsten Baum- und Strächersammlungen des Landes.

Ganz nah an der deutsch-niederländischen Grenze gelegen, entfaltet sich eine Ruheoase, deren üppige und zumeist hochgewachsene Pflanzenpracht liebevoll gehegt und gepflegt wird. Die Schönheit und ganz eigene Atmosphäre dieses Platzes kontrastiert mit seinem zumindest in Deutschland noch geringen Bekanntheitsgrad. Und selbst wenn gelegentlich eine Gruppe während einer Führung über das Gelände streift, bleibt die ruhige Aura davon unberührt.

Das lateinische Wort »arbor«, von dem sich der Begriff »Arboretum« ableitet, bedeutet »Baum«, und genau von diesen gibt es besonders prächtige auf dem parkartig angelegten Areal zu bestaunen. Das imposanteste Exemplar stellt der Riesenmammutbaum dar, der einen Stammumfang von sechs Metern aufweist. Weniger spektakulär, aber ebenfalls sehr sehenswert präsentiert sich der Anblick der naturnah angelegten Teichlandschaft. Besonders im milden Abendlicht lässt sich hier die friedliche Stimmung genießen.

Die Initiative zur Realisierung des Arboretums ergriffen 1910 der Textilfabrikant A. J. H. Geldermann und seine Ehefrau. Zunächst als Pinetum angelegt, ein Bestand von Nadelbäumen in einer Heidelandschaft, entwickelte sich nach und nach die bemerkenswerte Sammlung. Das Gelände steht Besuchern ganzjährig von Sonnenauf- bis Sonnenuntergang kostenlos offen. Ein Aufenthalt lohnt zu jeder Jahreszeit.

Schauen Sie unbedingt im bereits seit 1933 bestehenden Eissalon *La Venezia* im schönen Ortszentrum von De Lutte vorbei! Ansonsten entgeht Ihnen das leckerste Eis weit und breit.

78

Sie erreichen die Sandklippen im **Naturgebiet Lutterzand** über das **Restaurant Paviljoen Lutterzand**
Lutterzandweg 12
NL-7587 De Lutte
+31 (0)541 551386
www.lutterzand.nl

DAS VERSTECKTE IDYLL

Naturgebiet *Lutterzand*

Der Anblick übertrifft die Erwartungen. »Was für eine fantastische Landschaft!«, entfährt es meinen Begleitern, die mit großen Augen auf den stillen Fluss und die hohen Sandklippen blicken. Wir stehen am Rand einer Ufersteilkante, die fast vier Meter abfällt, um dann in einem sanften Bogen in die Dinkel überzugehen. Kurvenreich mäandert der Fluss durch die unberührt wirkende Landschaft, die er selbst mitformte.

Das im münsterländischen Rosendahl entspringende und bei Neuenhaus in die Vechte mündende Fließgewässer blieb in seinem niederländischen Teil unbegradigt. Während auf der einen Uferseite dichtes Schilf gedeiht, ragen auf der anderen steile Sandklippen in die Höhe. Mehrere umgestürzte Fichten zeigen an, dass die Naturkräfte an diesem Ort ungehindert wirken dürfen. Die sich über einen Kilometer hinziehenden Sandformationen sind durch Verwehungen nach der letzten Eiszeit entstanden. Sie sind damit Zeugen der geologischen und klimatischen Geschichte dieser Grenzregion. Der *Lutterzand* – so der Name des 750 Hektar großen Gebietes – weist zudem eine reiche Tier- und Pflanzenwelt auf. Allein 60 Vogelarten nutzen die Fichtenwälder, Heideflächen und Schilfgürtel, um zu brüten. Auch der oft als »fliegender Diamant« bezeichnete Eisvogel fühlt sich hier wohl.

Zu jeder Jahreszeit ist ein Ausflug an diesen malerischen Flecken Erde mit den vielen Rad- und Wanderwegen ein Erlebnis. An schönen Sommertagen laden zahlreiche schöne Stellen am Fluss zum Sonnenbaden im Sand ein. Wer zwischendurch im flachen Wasser planschen möchte, findet ebenfalls Gelegenheit dazu. Vier Campingplätze in unmittelbarer Nähe bieten naturnahe Übernachtungsmöglichkeiten. Durch die wunderschöne Naturlandschaft führt auch die *Gildehaus-Dinkel-Route*, ein 50 Kilometer langer Radweg mit Start und Ziel in Gildehaus.

Nördlich ist der Zugang zu den Sandklippen über das Restaurant *Paviljoen Lutterzand* möglich, südlich vom Parkplatz am Ende des Zandhuizerwegs.

74

Das Naturdenkmal Isterberg mit seinen **Sandsteinformationen** erreicht man über den **Aussichtsturm**
Am Südhang 12
D-48465 Isterberg
www.isterberg.de

FELSEN MIT SAGENHAFTER VERGANGENHEIT

Sandsteinformationen und Aussichtsturm

Der Name »Teufelsfelsen« klingt nicht unbedingt vertrauenserweckend. Ein Waldspaziergang zu den Klippen des Isterberges nahe der gleichnamigen Ortschaft ist jedoch wahrlich ein erfreuliches Erlebnis.

Dieser Ausläufer des Teutoburger Waldes und des Bentheimer Höhenrückens war schon früh besiedelt. Werkzeug- und Feuersteinfunde werden auf 7.000 bis 2.000 v. Chr. datiert. Der Berg diente in vorchristlicher Zeit auch als Kult- und Opferstelle – ein Umstand, der sich in mehreren Sagen widerspiegelt, die sich um die Erhebung ranken. Auf dem Teufelsfelsen, einer von mehreren Sandsteinformationen, verehrten die Germanen die Fruchtbarkeitsgöttin Istra. Der Beelzebub höchstpersönlich hinterließ angeblich ebenfalls seine Spuren auf dem Naturdenkmal – wie sonst sollten sich die zahlreichen versteinerten Abdrücke auch erklären lassen?

Auf schönen Wanderwegen sind die Steinformationen bequem zu erreichen. Spannenden Kletterpartien auf ihnen steht nichts entgegen, doch sollte dabei ausreichend Rücksicht auf die Natur genommen werden. Wer es beschaulicher mag, kann auf dem Siebenschläfer, Sloopsteen oder Teufelsfelsen Platz nehmen und die Ruhe der Umgebung auf sich wirken lassen. Vor oder nach einer Erkundungstour empfiehlt es sich, den nahen 35 Meter hohen Aussichtsturm zu besteigen. Auf seiner Plattform lässt sich ein weiter Ausblick in alle Himmelsrichtungen genießen. Nördlich ist der Turm der Alten Kirche in Nordhorn zu sehen, östlich ragt die Andreaskirche von Emsbüren in die Höhe. Der Süden lässt die markante Silhouette der Burg Bentheim erkennen, während im Westen die niederländischen Nachbarn mit dem Kirchturm von Denekamp grüßen.

Wenn Sie rund 80 Meter nördlich vom Aussichtsturm dem Weg in den Wald folgen und dann nach wenigen Metern links abbiegen, haben Sie die Felsformationen bald erreicht.

75

Tierpark Nordhorn
Heseper Weg 110
D-48531 Nordhorn
+49 (0)5921 712000
www.tierpark-nordhorn.de

FAMILIENFREUNDLICH UND NATÜRLICH

Tierpark

Bisons vereinen unbändige Kraft und ein ruhiges Gemüt auf harmonische Weise. Der Tierpark Nordhorn führt das muskulöse Tier mit dem zotteligen Fell im Wappen, genauer gesagt den Waldbison, eine seltene Unterart des amerikanischen Bisons. Aus geringer Distanz lässt sich die Herde in ihrem Gehege betrachten.

Diese Nähe ist eines der Merkmale des 1950 gegründeten, überaus beliebten Tierparks, der sich durch seine besondere Familienfreundlichkeit und enge Verbundenheit zu seiner Heimatregion auszeichnet. 2.000 Tiere aus 100 verschiedenen Arten sind hier zu Hause. Neben zahlreichen exotischen Vertretern wie dem Schneeleopard oder Schimpansen befinden sich darunter Bewohner mit regionalen Wurzeln wie das Bunte Bentheimer Schwein oder das Bentheimer Landschaf. Welche Herkunft die Vierbeiner auch haben – der Natur- und Artenschutz spielt für den nach modernsten Konzepten arbeitenden Betrieb eine wichtige Rolle. Vor allem Kinder freuen sich über die vielen begehbaren Gehege wie das der Präriehunde oder der Alpakas. Auch der Streichelzoo, der Indoor- und der Erlebnisspielplatz sowie der Naturpfad Vechteaue sorgen für erlebnisreiche Stunden.

Der regionalen Kulturgeschichte können Besucher auf dem Vechtehof nachspüren. Dieser ist als Bauernhofmuseum angelegt mit Remisen, einem aus dem Jahr 1670 stammenden Heuerhaus samt originalgetreu eingerichteten Wohnräumen, Sandsteinbrunnen und Bauerngarten. Im dazugehörigen historischen Gasthaus *De MalleJan* lässt sich vorzüglich speisen. Der angegliederte Tante-Emma-Laden bietet zudem leckere regionale Produkte zum Kauf an. Wer den Tierpark länger genießen möchte, kann auf dem Gelände sogar übernachten: Zwei Häuser mit mehreren Ferienwohnungen ermöglichen einen ungewöhnlichen Urlaub.

Zu unterschiedlichen Themen werden spannende Erlebnisführungen geboten. Zahlreiche Veranstaltungen im Jahresverlauf sorgen für zusätzliche Abwechslung.

76

Textilmuseum des Stadtmuseums Nordhorn
Im Nino-Hochbau
Nino-Allee 11
D-48529 Nordhorn
+49 (0)5921 721500
www.stadtmuseum-nordhorn.de
www.nino-hochbau.de

DER STOFF, AUS DEM DIE TRÄUME SIND

Textilmuseum im Nino-Hochbau

»Kleider machen Leute«, besagt eine bekannte Redewendung, über deren Gehalt sich trefflich diskutieren lässt. Unzweifelhaft ist hingegen, dass sich Geschmäcker und Modetrends permanent ändern. An keinem Ort der Region lässt sich diesem Wandel besser nachspüren als im Nordhorner Textilmuseum.

Menschen, Mode und Maschinen – Textilkultur und Modegeschichte(n) aus Nordhorn lautet der Titel der dort gezeigten Dauerausstellung im sogenannten *Nino*-Hochbau. Auf 1.200 Quadratmetern gewährt eine riesige Auswahl an Originalkleidungsstücken, Modezeitschriften, Kollektionskatalogen, Industriefotografien sowie Film- und Fernsehausschnitten einen eindrucksvollen Rückblick auf die Geschichte der lokalen Textilindustrie. Im *Dressing Room*, der Modeboutique des Stadtmuseums, können Besucher zudem aus einer großen Auswahl an Originalkleidung auswählen und die Outfits von früher dann selbst anprobieren.

Vor allem die Firma *Nino* spielte in der Modewelt der Nachkriegszeit eine bedeutende Rolle. Über viele Jahrzehnte zählte sie zu den größten Textilunternehmen Deutschlands und feierte auch international große Erfolge. Nordhorner Stoffe wurden auf den Pariser Laufstegen der Öffentlichkeit präsentiert, und renommierte Modedesigner weltweit arbeiteten eng mit dem Unternehmen zusammen. Die anhaltende Krise der Textilindustrie führte jedoch dazu, dass *Nino* 1996 den Betrieb endgültig einstellen musste.

Untergebracht ist die Ausstellung im ehemaligen Spinnereihochbau des einstigen Textilproduzenten. Das aus dem Jahr 1929 stammende denkmalgeschützte Gebäude wurde mit viel Aufwand restauriert und umgestaltet. Das Bauwerk ist bereits für sich genommen einen Ausflug wert. Neben dem Museum sind in den lichtdurchfluteten Räumen zahlreiche wirtschaftsnahe Verbände sowie Unternehmen ansässig.

Im ehemaligen *Nino*-Hochbau können Räumlichkeiten für unterschiedliche Anlässe angemietet werden.

77

Die **Fahrten mit den Vechtebooten** starten am **VVV-Anleger**

VVV-Stadt- und City-marketing Nordhorn e.V.
Firnhaberstraße 17
D-48529 Nordhorn
+49 (0)5921 80390
www.vvv-nordhorn.de

Pier 99
Heseper Weg 40
D-48529 Nordhorn
+49 (0)5921 81981999
www.pier99.de

MIT SONNENKRAFT DURCH DIE WASSERSTADT

Fahrt mit den Vechtebooten

Die Nordhorner Innenstadt vom Wasser aus betrachten – diesen spannenden Perspektivenwechsel ermöglicht die Fahrt mit dem Vechteboot. Leise gleitet das solarbetriebene Gefährt mit dem Namen *Vechtesonne* über den Fluss, der sich in der Stadtmitte als verzweigtes Wasserwegenetz präsentiert. Dieser Nähe zum feuchten Element verdankt Nordhorn den Titel »die Wasserstadt«. Neben der *Vechtesonne* setzen auch der *Vechtestromer* und die *Vechteschute* bei ihrer Flussreise auf Solarenergie.

Die einstündige große City-Rundfahrt führt vorbei an der Alten Kirche am Markt und unter niedrigen Brücken hindurch rund um die Innenstadtinsel. Im Anschluss wird das ehemalige Industriegebiet der Textilfirma *Povel* erkundet, das sich mit seinen Grachten zu einem beliebten Wohndomizil gewandelt hat. Wohnen unmittelbar am Wasser steht offenbar bei vielen hoch im Kurs. Eine romantische Atmosphäre versprechen hingegen die Mondscheinfahrten, gutes Wetter vorausgesetzt. Stimmungsvoll illuminiert, entfaltet die Stadtlandschaft in der Abenddämmerung eine bezaubernde Aura. Lichter spiegeln sich in der Vechte, und auch Nordhornkennern eröffnen sich neue beleuchtete Details im Stadtbild. Wer eine Bootsfahrt mit einem Ausflug kombinieren möchte, dem sei wiederum die Tierparkroute ans Herz gelegt. Über den schönen, 1974 zum Hochwasserschutz angelegten Vechtesee wird das weitläufige Areal angesteuert. Auf der gleichen Strecke können die Gäste zu einem späteren Zeitpunkt den Rückweg antreten.

Von Mai bis Oktober finden regelmäßige Fahrten mit den Vechtebooten statt, aber auch im Winter sind diese zu verschiedenen Anlässen möglich. Um am Anleger nicht warten zu müssen, empfiehlt es sich, vorab Plätze beim *VVV-Stadt- und Citymarketing Nordhorn* zu reservieren.

Schauen Sie im Lokal *Pier 99* am Vechtesee vorbei! Es verbindet auf wunderbare Weise Erlebnisgastronomie mit Strandatmosphäre.

78

Stadtmuseum und Bar Hoch 5 im Povelturm
Kokenmühlenstraße 18
D-49529 Nordhorn
www.stadtmuseum-nordhorn.de
www.hoch5bar.de

Kulturzentrum Alte Weberei Nordhorn
Vechteaue 2
D-48529 Nordhorn
+49 (0)5921 990801
www.alteweberei.de

INDUSTRIEKULTUR UND COCKTAILS

Bar *Hoch* 5 und Stadtmuseum im Povelturm

Der Mojito schmeckt wirklich ausgezeichnet. Während ich den frisch zubereiteten Cocktail genieße, blicke ich aus den bodentiefen Fenstern in den blauroten Abendhimmel. Sterne schimmern, und der Lichterglanz der Stadt verbreitet eine feierliche Stimmung. Dezente Musik erklingt im Hintergrund. An der Theke stehen einige gut gelaunte junge Leute, ins Gespräch vertieft.

Hoch 5 lautet der Name der Bar, die in der obersten Etage des Povelturms auf fast 26 Metern Höhe einen außergewöhnlichen Treffpunkt bildet. Über den Dächern des Nordhorner Zentrums können Gäste seit Mai 2015 in entspannter Atmosphäre leckere Drinks und ein herrliches Panorama genießen.

Beim Bau des Turms im Jahr 1906 spielte diese Möglichkeit allerdings keine Rolle. Errichtet wurde er als Bestandteil des industriellen Gebäudekomplexes der Firma *Povel* und diente als Treppenhaus. Neben *Nino* und *Rawe* zählte sie jahrzehntelang zu den führenden Nordhorner Textilunternehmen. 1979 endete die Geschichte des Betriebs mit der Insolvenz. Ein Jahr später erwarb die Stadt große Teile des zentral gelegenen Firmenareals. Nach kostspieliger Sanierung entstand darauf ein hochwertiges und architektonisch ansprechendes Wohnquartier mitsamt dem umgestalteten Povelturm.

1996 eröffnete das Nordhorner Stadtmuseum eine erste Dauerausstellung in dem mehrgeschossigen Gebäude, das heute einen von insgesamt drei Standorten der Einrichtung beheimatet. Interessierte können auf den verschiedenen Stockwerken der Geschichte Nordhorns im 19. und 20. Jahrhundert nachspüren. Die Ausstellung umfasst eine Vielzahl von Fotografien, DVD-Filmstationen, Gemälden, Ansichtskarten und Plakaten. Diese gelungene Verzahnung von ungewöhnlicher Kultur, Architektur und Gastronomie macht den Povelturm in jeder Hinsicht zu einem erlebnisreichen Ort.

Kulturzentrum, Galerie, Brauhaus und weiterer Standort des Stadtmuseums – die benachbarte Alte Weberei vereint ebenfalls attraktive Freizeitangebote. Einblicke in die Textilproduktion mit historischen Maschinen gehören dazu.

79

Restaurant La Nuova Gondola
Ochsenstraße 12
D-48529 Nordhorn
+49 (0)5921 7888922
www.restaurant-nordhorn.de

Kornmühle Nordhorn
Mühlendamm 18
D-48529 Nordhorn
www.theaterwerkstatt-nordhorn.de

DIE VIELFALT DER »CUCINA ITALIANA«

Restaurant *La Nuova Gondola*

Im Zentrum Nordhorns, in ruhiger Lage unmittelbar an der Vechte, befindet sich das Restaurant *La Nuova Gondola*. Eine Tour durch die schöne Innenstadt können Sie an diesem Ort bei einem guten Essen genussvoll ausklingen lassen.

Die gehobene italienische Küche präsentiert sich vielfältig: Ob Pizza, Pasta, Fleisch- oder Fischgerichte – mit frischen, hochwertigen Zutaten werden Geschmackserlebnisse kreiert, die mit dem gewissen Etwas an Raffinesse und Originalität überzeugen. Werfen Sie auch einen Blick in die Weinkarte, denn die Auswahl an exzellenten italienischen Weinen ist groß. Das Ambiente ist modern und stilvoll, der Service ausgesprochen freundlich. An wärmeren Tagen empfiehlt sich die schön gestaltete Außenterrasse nah am Fluss. Vor allem an lauen Sommerabenden stellt sich ein fast mediterranes Flair ein.

Der nur rund 150 Meter in südwestlicher Richtung entfernt liegende Stadtpark eignet sich nach einem Restaurantbesuch ideal für einen Verdauungsspaziergang. Die einstige Privatanlage der Industriellenfamilie Rawe wurde in den 1950er-Jahren zur öffentlichen Grünfläche umgestaltet und ist bei den Nordhornern äußerst beliebt. An drei Seiten wird das Areal von der Vechte eingerahmt. Alte Eichen und Buchen, Blumenpflanzungen, Beete und Rasenflächen bestimmen sein idyllisches und verwinkeltes Erscheinungsbild. Auf gepflegten Wegen können Sie hier flanieren und Ruhe finden. Lauschige Sitzgelegenheiten und ein gemütliches Bistro mit Terrasse verleihen dem Gelände zusätzlichen Charme. Die Konzertmuschel wird gelegentlich für Veranstaltungen genutzt.

Ein romantisches Theatervergnügen ermöglicht die Theaterwerkstatt Nordhorn in den urigen Räumlichkeiten der Alten Kornmühle. Das sehenswürdige Denkmal grenzt südlich an den Stadtpark und bietet viele Kulturveranstaltungen.

80

Kloster Frenswegen
Klosterstraße 9
D-48527 Nordhorn
+49 (0)5921 82330
www.kloster-frenswegen.de

Café am Kloster
Klosterstraße 9
D-48527 Nordhorn
+49 (0)5921 7123320
www.cafe-am-kloster.com

EIN EINZIGARTIGES AMBIENTE

Kloster Frenswegen

Wuchtig und elegant wirkt sie, die lang gezogene Westfront des Klosters Frenswegen. Ihr imposantes Äußeres zieht neugierige Blicke auf sich. Bei einem meiner Spaziergänge um das mittelalterliche Ensemble verweile ich auf einer Bank und betrachte die prächtige Fassade, während der Sommerwind in den hoch gewachsenen Bäumen rauscht.

Dass sich der Gebäudekomplex in seiner heutigen Form der Öffentlichkeit präsentieren kann, verdankt sich einem außergewöhnlichen Umstand: Sechs Kirchen riefen im Jahr 1974 gemeinsam die ökumenische *Stiftung Kloster Frenswegen* ins Leben und erweckten damit den sanierungsbedürftigen Bau aus einem langen Dornröschenschlaf. Bereits 1394 gegründet und 1809 im Zuge der Säkularisierung aufgehoben, diente das Kloster verschiedenen Zwecken, unter anderem der Unterbringung von Zollbeamten. Nach umfassender Restaurierung beherbergt das Gebäude seit 1978 ein ökumenisches Tagungs- und Gästehaus. Dieses bildet architektonisch sowie historisch einen inspirierenden Rahmen für Begegnungen und Austausch, etwa bei Gruppenfahrten, Tagungen und Empfängen. Ob im Innenhof mit dem pittoresken Brunnen, in der modernen Kapelle, im stillen Kreuzgang oder am prasselnden Feuer in einem der beiden Kaminräume – die Anlage verbindet Geschichte und Gegenwart.

Vielfältige Feste, Führungen, Ausstellungen und Konzerte laden ebenso zu einem Besuch der Anlage ein. Mit seiner direkten Anbindung an das deutsch-niederländische Radwegenetz sowie einem eigenen Kanu-Anleger bietet das Kloster zudem auch Urlaubern die Möglichkeit zur Einkehr. Die gepflegten Grünflächen des mittelalterlichen Ensembles verdanken sich übrigens dem Engagement der *Beetbrüder*, einer ehrenamtlich tätigen Gruppe, die sich diesem historischen Ort verbunden fühlt.

Das ruhig gelegene *Café am Kloster* lockt an Sommertagen mit einer großzügigen Terrasse. Es eignet sich hervorragend als Ausgangspunkt oder Zwischenstation für Radtouren oder Spaziergänge.

81

Haus Brünemann
Kirchstraße 11
D-49828 Neuenhaus
+49 (0)5941 9991022
www.haus-bruenemann.de

Kunstverein Grafschaft Bentheim e.V.
Hauptstraße 37
D-49828 Neuenhaus
+49 (0)5941 98019
www.kvgb.de

ERKUNDEN UND GENIESSEN

Hotel-Restaurant *Haus Brünemann* am Mühlenkolk

Im Zentrum von Neuenhaus, dem »Tor zur Niedergrafschaft«, befindet sich hinter der evangelisch-reformierten Kirche der malerische Mühlenkolk. Früher, als dieser einen kleinen Hafen bildete, luden die von der Dinkel und der Vechte kommenden Flusskähne hier ihre Fracht ab. Durch die Verbindungen zu den niederländischen Wasserwegen sowie zur Ems existierte ein weitreichendes Kanalnetz, das für den Warentransport genutzt wurde. Die heute noch vorhandenen Stadtgräben dienten der Versorgung von Neuenhaus und zugleich als Wehranlagen. Sie umschlossen ringförmig den einstigen Ortskern. Ihr Wasser trieb am Kolk das Rad der Korn- und Sägemühle der Gebrüder Voshaar an, die bis in die 1960er-Jahre an dieser Stelle stand. 1995/96 wurde das Areal mit großem Aufwand umgestaltet.

Die beste Aussicht auf den Kolk bietet das Hotel-Café-Restaurant *Haus Brünemann*. Auf der wunderschönen Außenterrasse unmittelbar am Wasser können schmackhafte Köstlichkeiten in Ruhe genossen werden. Doch auch die Inneneinrichtung überzeugt durch einen überaus gelungenen Mix aus Moderne und Tradition. Warme Farben, viel Holz und eine geschmackvolle Dekoration sorgen für Behaglichkeit. Wer Cocktails mag, ist an der Lounge-Bar gut aufgehoben.

Vom Hotel-Restaurant und Mühlenkolk bietet sich ein Spaziergang oder eine Fahrradfahrt entlang der Stadtgräben an. Das charmante Zentrum von Neuenhaus ist eine ausgiebige Erkundungstour wert, etwa zu dem markanten, 1793 erbauten Alten Rathaus, das architektonisch stark an niederländische Vorbilder erinnert und heute für kulturelle Zwecke und standesamtliche Trauungen genutzt wird. Aber machen Sie sich am besten selbst ein Bild. Es lohnt.

In einem eleganten, 1750 erbauten Gebäude direkt im Zentrum ermöglicht der *Kunstverein Grafschaft Bentheim* mit wechselnden Ausstellungen ein anspruchsvolles Angebot. Auch Vorträge, Lesungen und Künstlergespräche gehören zum Programm.

82

Die Erkundung ferner Galaxien ermöglicht die **Sternwarte Neuenhaus**
Veldhausener Straße 46
D-49828 Neuenhaus

Astronomischer Verein der Grafschaft Bentheim e.V.
Jahnstraße 3
D-49828 Neuenhaus
+49 (0)5941 990904
www.avgb.de

FASZINIERENDE BLICKE INS ALL

Sternwarte

Vielleicht geht es Ihnen beim Anblick der Sterne wie mir: Die unendlichen Weiten des Alls mit all seinen Rätseln lassen den Alltag für einen Moment unbedeutend erscheinen. Die Wahrnehmung wendet sich Größerem zu und schließt das eigene Dasein doch mit ein. Auch ein gewisser astronomischer Forscherdrang macht sich bei mir zuweilen bemerkbar. Dieser Faszination für ferne Gestirne lässt sich in der Sternwarte Neuenhaus auf fachkundige Weise nachgehen.

Mithilfe eines großen Spiegelteleskops können sich Besucher auf eine Reise zu Planeten und fernen Galaxien begeben. Betrieben wird die Warte vom *Astronomischen Verein der Grafschaft Bentheim e.V.* (AVGB), dessen Mitglieder an öffentlichen Abenden auf der Terrasse zusätzlich eigene Teleskope zur Himmelsbeobachtung aufstellen. In den Vereinsräumen wird zudem in vielfältiger Form und sehr anschaulich über astronomische Themen berichtet.

Seit Herbst 2016 lockt die Neuenhauser Sternwarte mit einem weiteren Highlight. Das moderne Planetarium mit einer im Durchmesser fünf Meter großen Kuppel bietet Platz für bis zu 35 Personen, die einen künstlichen Sternenhimmel betrachten und auf diese Weise viel Wissenswertes in Erfahrung bringen können. Das Angebot richtet sich bewusst an Laien und wird den Interessen des Publikums angepasst. Der Planetariums-Projektor bietet die Möglichkeit, für jedes Datum mit jeder Uhrzeit den passenden Sternenhimmel in die Kuppel zu projizieren. Auch themenbezogene Filme können im Planetarium gezeigt werden. Der vergleichsweise kleine Zuschauerkreis hat seine Vorteile, denn Gespräche sind problemlos möglich, sodass der Sternenhimmel quasi interaktiv erforscht werden kann. Attraktive Kinderprogramme machen das Weltall auch für jüngere Besucher erlebbar.

Die Öffnungszeiten der Sternwarte stehen auf der Website des Vereins. Weitere Termine können vereinbart werden. Vor allem für Gruppen existieren interessante Angebote.

83

Stiftshäuser und Stiftscafé Menke
Am Klostergarten 6
D-49835 Wietmarschen
+49 (0)5925 1495
www.menke-cafe.de

GESEGNETE EINKEHR

Stiftshäuser mit Café *Menke*

Rund um die eindrucksvolle Wallfahrtskirche St. Johannes erstreckt sich das gepflegte Areal des ehemaligen Stifts Wietmarschen. Das 1152 gegründete Benediktinerkloster gehörte zum Bistum Münster und trug früher den Namen *Sünte Marienrode*. Christoph Bernhard von Galen, Bischof von Münster, wandelte es 1675 in ein »Hochadelig-freiweltliches Damenstift« um. Die prosperierenden wirtschaftlichen Verhältnisse ermöglichten es, die Kirche zu vergrößern und mit einer barocken Innenausstattung zu versehen. Auch die Errichtung des heute noch bestehenden Äbtissinnen- und Stiftsdamenhauses sowie des Verwalter- und Gesindegebäudes wurde durch den einsetzenden relativen Wohlstand möglich.

Napoleon hob schließlich 1808 das Kloster auf und übereignete es dem Fürsten von Bentheim. Nach dem Zweiten Weltkrieg wurde damit begonnen, Teile des Komplexes nach und nach abzureißen. Erst gegen Ende der 1970er-Jahre entwickelten die politischen Entscheidungsträger ein tragfähiges Konzept, um die verbleibenden vier Bauten rings um die Wallfahrtskirche zu erhalten. Zwischen 1981 und 1990 erfolgte eine umfassende Sanierung. Heute präsentieren sich die Gebäude und das Gelände in einem hervorragenden Erhaltungszustand.

Wer bei einem Spaziergang über das Areal Appetit bekommt, muss nicht weit laufen: Das wunderschöne Gesindehaus, einst Unterkunft für Knechte und Landarbeiter, beherbergt das beliebte *Stiftscafé Menke*. Gäste können in gemütlicher Atmosphäre Kaffee, selbst gebackenen Kuchen und weitere Spezialitäten genießen. Besonders empfehlenswert sind das wechselnde Tortenbuffet sowie Events mit warmen Speisen. In den Sommermonaten können Sie es sich auf einem der zahlreichen Plätze im großen Biergarten unter ausladenden Kastanien bequem machen.

Vor oder nach dem Aufenthalt im Café können Sie einen Spaziergang durch den nahen historischen Stiftsbusch mit seinem alten Baumbestand und den schönen Waldwegen unternehmen.

84

Starten oder beenden Sie Ihren Spaziergang durch das **Dorf Lage** an der **Malle Mühle**
Eichenallee 1
D-49828 Neuenhaus-Lage
https://mallemuhle.de

Naturreservat Het Springendal
Zugang über Boumansweg
NL-7662 Hezingen
www.hoevespringendal.nl

Lauschiger Genuss nahe der Grenze

Dorf Lage mit *Malle Mühle*

Südlich von Neuenhaus verbirgt sich ein außerordentlich romantisches Dorf. Nicht nur architektonisch und landschaftlich präsentiert sich der Ort Lage äußerst reizvoll, sondern er hat auch in historischer Hinsicht Bemerkenswertes zu bieten. Die nahe der niederländischen Grenze gelegene Gemeinde trug zwischen 1642 und 1806 die Zusatzbezeichnung »Herrlichkeit«. In den Verhandlungswirren des Dreißigjährigen Krieges hatten die Verantwortlichen schlichtweg vergessen, die Ortschaft einer der Kriegsparteien zuzuteilen. Dadurch konnte die »Herrlichkeit Lage« dank ihres Sonderstatus über 150 Jahre als selbstständiger Kleinstaat mit eigener Gerichtsbarkeit agieren.

Bereits im 12. Jahrhundert befand sich in Lage eine Burg, die in den folgenden Jahrhunderten allerdings mehrfach überfallen, teilweise zerstört und wiederaufgebaut wurde. Im Juli 1626 sprengten niederländische Truppen schließlich das von spanischen Söldnern besetzte Bauwerk, das zu diesem Zeitpunkt als »Raubritternest« galt. 1686 wurde neben den spärlichen Überresten der einstigen Festung ein Herrenhaus errichtet. Das privat bewohnte Gebäude und die efeubewachsene Ruine lassen sich heute von einem Rundweg aus betrachten. Dieser schließt ebenfalls eine kleine, sehenswerte Kirche, eine historische Wassermühle und eine prächtige Allee mit 300 Jahre alten Eichen ein. An Letzterer liegen die liebevoll restaurierten, mittlerweile privat genutzten *Kommiesenhüser*. Ein paar der sechs zwischen 1850 und 1853 errichteten Häuser waren zeitweise an »Kommiesen«, Zöllner, vermietet, daher ihr Name.

Ein Spaziergang durch diese historisch gewachsene, idyllische Umgebung ist immer wieder eine Wohltat. Diesen lasse ich gerne im Garten der *Malle Mühle* ausklingen. Unmittelbar an der alten Wassermühle gelegen, lässt sich im lauschigen Grün herrlich schlemmen und entspannen.

Mit seinen Teichen, Bächen, Heide- und Waldflächen eignet sich das nahe niederländische Naturreservat *Het Springendal* für ausgedehnte Spaziergänge.

85

Landgut Singraven
Molendijk 37
NL-7591 Denekamp
+31 (0)541 351906
www.singraven.nl

Restaurant De Watermolen
Schiphorstdijk 4
NL-7591 Denekamp
+31 (0)541 351372
www.watermolen-singraven.nl

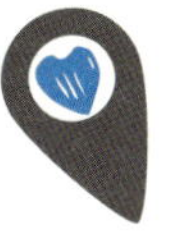

WO DIE ROMANTIK ZU HAUSE IST

Landgut Singraven

Die Umgebung des Landgutes Singraven zieht mich immer wieder in ihren Bann. Ihr romantischer Zauber geht nicht nur von der offenen Parklandschaft mit ihren Alleen, Rasenflächen, Wasserläufen und historischen Gebäuden aus. Es ist vielmehr die gesamte Atmosphäre, mit der sich das Gutsgelände dem Besucher als ein gewachsenes, naturnahes Ganzes präsentiert.

Erstmals 1381 als »Hof zu Singraven« erwähnt, erlebte der Landsitz eine wechselvolle Geschichte. Als letzter Besitzer kümmerte sich der 1966 verstorbene Willem Fredrik Laan um zahlreiche Restaurierungen und eine Neugestaltung des Parkgeländes. Bereits zehn Jahre vor seinem Tod vermachte er das Gut der *Stiftung Edwina van Heek*, die es bis heute verwaltet.

Das unmittelbar am Flüsschen Dinkel liegende Gutshaus beherbergt hinter seiner neoklassizistischen Fassade antikes Mobiliar und Kunstgegenstände, welche bei einer der Führungen besichtigt werden können. Ein Erlebnis ist auch der Besuch des Parks. Mit seinen alten, teilweise exotischen Bäumen, überraschenden Sichtachsen und den idyllischen Wasserläufen greift er typische Formen eines englischen Landschaftsparks auf und hat zugleich seinen ganz eigenen Charakter. Wer entspannte Stunden in prächtiger Naturkulisse erleben möchte, sollte sich einen Spaziergang nicht entgehen lassen.

Zum Landgut gehört auch eine schöne Wassermühle, neben der das Restaurant mit dem passenden Namen *De Watermolen* sein Domizil bezogen hat. Bei sonnigem Wetter lockt die Außenterrasse mit Aussicht auf den Mühlenteich. Wer gegen das beruhigende Rauschen eines Wehres nichts einzuwenden hat, kann es sich hingegen unter schattigen Eichen an der Dinkel bequem machen. Die Mühle selbst wurde vom niederländischen Maler Meindert Hobbema (1638–1709) in drei Gemälden verewigt. Diese finden sich unter anderem im Louvre und in der Londoner *National Gallery*.

Im kleinen Landgutladen direkt an der Dinkel sind neben geschmackvollen Geschenkartikeln auch die Tickets für den Park erhältlich.

86

Museum Ton Schulten
Ton Schultenplein 1
NL-7631 Ootmarsum
+31 (0)541 291763
www.tonschulten.nl

Openluchtmuseum Ootmarsum
Commanderieplein 2
NL-7631 Ootmarsum
+31 (0)541 293099
www.openluchtmuseum-ootmarsum.nl

LEUCHTENDE LEBENSFREUDE

Museum Ton Schulten

Diese leuchtenden Farben! Sie bringen Leben in die mosaikartig strukturierte Landschaft, konturieren sie, setzen Akzente, schaffen Perspektiven. Zugleich gehen von den Bildern Ton Schultens eine fast meditative Stille und ein beruhigender Optimismus aus. Seine Zuneigung zu der sogenannten Twenter Kulissenlandschaft ist in dem umfangreichen Werk des 1938 im niederländischen Ootmarsum geborenen Malers deutlich sichtbar.

In einem ansprechenden Gebäude im Zentrum seines Geburtsortes befindet sich das Museum Ton Schulten. In den hellen, modernen Räumen kann der Besucher in Ruhe die oftmals großformatigen Gemälde des niederländischen Malers betrachten. Die Ausstellung umfasst zudem eine Auswahl von Werken anderer bekannter Künstler. Ein schön gestalteter Außenbereich, ein Filmsaal und ein Restaurant laden zudem zu einem inspirierenden, informativen und zugleich genussvollen Ausflug ins Nachbarland ein.

Eine ausführliche Erkundung des alten Ortszentrums sollten Sie sich bei Ihrem Aufenthalt nicht entgehen lassen. Ootmarsum gilt zu Recht als »Stadt der Kunst«, wie Sie bei einem Rundgang selbst feststellen werden. Viele Galerien säumen die schmucken Gassen, oftmals sind sie in geschichtsträchtigen Gebäuden untergebracht, deren Architektur allein schon eine Besichtigung wert ist. Diese Mischung aus historischem Ambiente und künstlerischer Moderne zeichnet den Charme Ootmarsums aus. Der mittelalterliche Stadtkern präsentiert sich in einem Erhaltungszustand, der staunen lässt. Neben dem Rathaus aus dem Jahr 1777 lohnen vor allem die beiden Kirchen einen Abstecher. Nehmen Sie die authentische Atmosphäre dieses Städtchens in Ruhe auf. Vom Außenbereich eines der zahlreichen Cafés aus ist dies auf besonders entspannende Weise möglich.

Das an die Altstadt angrenzende *Openluchtmuseum* gewährt als Freilichtmuseum mit alten Bauernhäusern und weiteren Exponaten interessante Einblicke in die frühere ländliche Lebenswelt.

87

Watermolen Bels
Bergweg 9
NL-7663 Tubbergen-Mander
+31 (0)541 680213
www.watermolenbels.nl

Theehuis Dennenoord
Vasserweg 37
NL-7638 Nutter
+31 (0)541 680790
www.theehuisdennenoord.nl

Verwunschen und urgemütlich

Restaurant *Watermolen Bels*

Durch ein herrliches sanft hügeliges Landschaftsmosaik aus Feldern, Wiesen und Wäldchen führt der Weg nah an die deutsch-niederländische Grenze. Getrost darf die Lage des Restaurants *Watermolen Bels* als versteckt bezeichnet werden. Das historische Anwesen schmiegt sich baumumstanden in ein Bachtal, durch das der Mosbeek plätschert. Er gab der Mühle, die einst den Lebensunterhalt der Bewohner sicherte, das notwendige Wasser. Heutzutage dreht sich deren Rad nur noch für Besucher. Das liebevoll gestaltete Informationszentrum in der alten Mühle ist hochinteressant, aber die meisten Gäste steuern diesen Ort an, um sich in historischem Ambiente auch gastronomischen Genüssen zuzuwenden.

Seit 1916 verwaltet die Familie Bels die Mühle und landwirtschaftlichen Gebäude. In den 1950er-Jahren wurde das Anwesen umfassend restauriert und 1962 das Restaurant eröffnet. Dieses nur »gemütlich« zu nennen, würde dessen Charme und Stimmung nicht gerecht werden. Der mit groben Steinquadern ausstaffierte Boden, die dunklen Eichenbalken, der große Kamin, die alten Sprossenfenster, die historischen Haushaltsgegenstände und Gemälde bieten einen überaus harmonischen Gesamteindruck. Hier passt einfach alles zueinander, wirkt echt und authentisch. Passend zur Atmosphäre stehen auf der Speisekarte viele regionale Spezialitäten. Die beliebten Pfannkuchen dürfen natürlich nicht fehlen.

Vor allem im Sommer lockt der idyllische Außenbereich. Unter alten Bäumen, begleitet vom leisen Rauschen eines künstlichen Wasserfalls, lassen sich schöne Stunden verbringen. Kinder und Erwachsene haben gleichermaßen Freude an Hühnern, Gänsen und Schafen, die wenige Meter weiter ein naturnahes Areal ihr Zuhause nennen.

Die pittoreske Umgebung rund um das Restaurant und das nahe Dorf Vasse lädt zu Spaziergängen ein. Ein Abstecher zum bezaubernden *Theehuis Dennennoord* sollte dabei nicht ausgelassen werden.

88

Bronzezeithof Uelsen
Am Feriengebiet 7
D-49843 Uelsen
+49 (0)5942 20929
www.bronzezeithof.de

HANDWERK WIE VOR 3.000 JAHREN

Freilichtmuseum *Bronzezeithof*

Fast schon elegant wirkt das Wohnstallhaus mit seinem tief nach unten gezogenen Reetdach. Etwas versteckt liegt es, hinter Bäumen und Sträuchern, umgeben von einem schmalen Holzzaun. Auch mehrere Speichergebäude, Werkstätten, kleine Felder und ein Brunnen umfasst das weitläufige Gelände. Seit 2005 lässt sich in diesem Freilichtmuseum, dem *Bronzezeithof* am südlichen Rand der Gemeinde Uelsen, eine beeindruckende Reise in die Vergangenheit unternehmen.

Ehrenamtliche haben es sich zur Aufgabe gemacht, Besuchern einen lebendigen Eindruck vom bäuerlichen Leben in der Bronzezeit vor rund 3.000 Jahren zu vermitteln. Eine entsprechende Bekleidung gehört ebenso dazu wie die Verwendung damaliger Ausrüstungsgegenstände. Ob beim Backen von knusprigem Dinkelbrot im Kuppelbackofen, beim Bronzegießen mit authentischen Geräten und Methoden oder beim Bogenschießen – die Frühgeschichte wird zwischen Anfang April und Ende Oktober auf vielfältige Weise erfahrbar gemacht. Sonderveranstaltungen wie die jährlich stattfindenden *Bronzezeittage*, Mittelalterfeste oder Aktivitäten zum *Tag des offenen Denkmals* bieten neben den regulären Öffnungszeiten zusätzliche Höhepunkte. Führungen und Gruppenaktionen sind nach Anmeldung ebenfalls möglich.

Die Initialzündung für den *Bronzezeithof* lieferte ein archäologisch bedeutsamer Fund im Jahr 2003. In der Nähe des heutigen Standortes fanden sich bei Ausgrabungen am Lemker Berg rund 130 Urnen eines Grabhügelfeldes aus jener fernen Epoche. Eine Dauerausstellung in *Blekkers-Hofcafé,* gleich neben dem Freilichtmuseum, präsentiert Keramik und Werkzeuge aus derselben Zeit. Ganz gegenwärtige Genüsse wie Fruchtaufstriche und Liköre lassen sich hingegen im kleinen Laden des Hofes erwerben.

Der *Bronzezeithof* ist in ein weitreichendes Radwegenetz eingebunden. Zu den niederländischen Nachbarn führt beispielsweise die *Zeittour* oder die *Hesinger Grenzroute*.

Auf mächtigen Sandsteinfelsen erbaut, bietet die Burg Bentheim einen majestätischen Anblick

Christoph Beyer
Lieblingsplätze
im Osnabrücker Land
192 Seiten, 14 x 21 cm
Klappenbroschur
ISBN 978-3-8392-0383-5
€ 18,00 [D] / € 18,50 [A]

Von luftigen Aussichten im Teutoburger Wald über salzige Sitzgelegenheiten am Wiehengebirge bis zu einem unterirdischen Zoo in der Stadt des Friedens: das Osnabrücker Land hat viel zu bieten! Ob die alten Römer das geahnt haben und sich deshalb diesen Flecken Erde sichern wollten? Begleiten Sie Christoph Beyer auf seinen Ausflügen in die Region zu seinen persönlichen Lieblingsplätzen – und erfahren Sie ganz nebenbei, wo sich Hase und Else trennen und die Sterne zum Greifen nah sind. Für genügend Frischluft ist mit zahlreichen Naturerlebnissen bestens gesorgt.

GMEINER